弁護士
板井優が遺したもの

板井優追悼集 編集委員会

はじめに

森　德和

「歴史は勝者によって作られる」と言われます。
戦国時代であれば、敗者は一族郎党抹殺され、それにまつわる記録も焼き払われました。勝者が、自らを正当化するため、都合のよい歴史を作るのです。

森友学園問題では、時の権力者に忖度（そんたく）した官僚が、公文書を改ざんしたことが明るみに出ました。現在、改ざんの経緯を明らかにするため、裁判闘争が続いています。歴史の改ざんは、戦国時代に限った出来事ではなく、現在も行われているのです。

板井優先生は常日頃から、「闘いの記録を文章にして残せ」と言われていました。先生は、闘いを続ける人々こそが歴史を作っており、その闘いの記録を残すことが、正しい歴史認識のために不可欠だと考えておられたと思います。

今回、先生の闘いに関わった多くの弁護士により、本書を世に送り出すことになりました。先生による闘いの意義が、後世の人々によって正しく評価される一助となることを、心より願っております。

目次

第2章　思い出をたどる

第3章　遺志を受け継ぐ

第1章　足跡をたどる

おぼれる犬はたたいて沈めよ！～川辺川・水俣病・諫早

馬奈木昭雄

あるべき公共事業の推進者

板井先生が御元気だったら、今の球磨川水害をめぐる状況は到底あり得なかっただろうな、とあらためて無念の思いです。

思い返してみると、先生はたたかいの節目ごとに適切な言葉を発していました。川辺川の取組のなかで言われた「我々は公共事業の妨害者ではない。あるべき公共事業の推進者なのだ」という発言もその代表です。私はこの言葉が大好きでした。国、官僚は自分たちの誤りを指摘されると、私たちに対して「何でも反対」「反対のための反対をする」連中だ。要するに「妨害者だ」というレッテル貼りをしてきます。俗によく言われる「反対ならば対案を示せ」というやりとりも同じ様なことでしょう。

このような官僚が宣伝する「俗論」は、「俗論」として生き続けているだけのそれなりの強さを持っているように思えます。先生はこの「俗論」が川辺川問題については全くの誤りであることを正面から提起し、ダム推進論を打破りました。地域の住民がそれぞれ生活を営んでいるなかで、痛切に求めている要求を正確に住民全体の合意としてまとめ上げ、その実現を目指すことこそが真の公共性であること、国、自治体が実現すべきなのは、このような住民の合意による切実な要求なのだということだと思います。それは決して国、官僚が住民の合意に反して住民に押し付ける「ニセの公共事業」ではない、ということを正面から突き付けたたたかいであったと思います。そしてこの「地域住民の合意」に基づく真の「治水、利水事業」が県知事主導で繰り返された県民集会によって実現することが可能になった、という状況をつくりだすことに成功したように思えました。しかし、国、官僚は、川辺川ダム建設事業を中断したように見せかけながら、住民が要求し実現を求めた真に必要な治水・利水事業は徹底してその実行をサボタージュし、川辺川ダム事業再現をねらい続けました。そして不幸なことに今回の球磨川水害をきっかけに一気に川辺川ダム計画を生き返らせようとしています。

川辺川利水訴訟の口頭弁論前の門前集会

ここであらためて先生の「おぼれる犬は徹底的にたたいて沈めよ！　そうしなければ息を吹き返し陸に上がってきて悪さを続ける」という言葉の正しさを痛恨の思い出でかみしめます。官僚は

「自らが定めた政策しか決して実行しない、司法の判決やましてや住民の声などは決して聞かない」とうそぶいています。それが「わが国の根幹だ」と平然と言っています。

水俣病の認定問題をめぐるたたかいがそうでした。当時まだ若かった私はこの官僚（担当課長）の言葉を水俣病認定をめぐる議論のなかではじめて聞いた時、あまりのことに返す言葉を失いました。この言葉が決して思い上がった一官僚の誤った発言ではなかったことは、その後国の認定基準がいかに誤っているかを明らかにした判決が下されるたびに、たとえそれが最高裁判決であろうとも、歴代環境大臣は、「司法判断と行政判断は違う」と言い放って決して認定基準を判決に従って改めようとはしないことから明らかです。この国、官僚の憲法違反的「放言」はそれでもまだ彼らの法的言い訳として、「判決は主文であって、それには従わなければならないが、判断理由中の説明は従うべき判決ではない。だからちゃんと主文には従っている、主文がこの原告にいくらの金を払えといっていれば、その金はすぐに支払う」と官僚の態度の正当性を言い逃れてきました。

この言い訳すら破って正面から主文に従わず、司法に敵対したのが諫早干拓事業をめぐるたたかいです。福岡高裁は調整池

1996年5月19日、水俣病第3次訴訟でのチッソとの解決協定。中央に板井優弁護士、右隣が馬奈木昭雄

の常時開門を命じ、時の総理大臣だった菅氏は国民に対し、国はこの判決に従って開門することを約束し、福岡高裁判決を確定させました。この「常時開門」はまさに判決主文なのです。しかし驚くべきことに国、官僚はこの「確定した判決主文」さえ実行を拒否しました。考えられる限りの策動を行い、結局判決確定後10年を経過した現在まで開門は実現していません。国、官僚は今や開門という「確定判決の実行を求める勝訴原告らの請求は権利の濫用だ」と公然と主張しています。「まさにおぼれる犬」に対し手をゆるめそのまま見すごしてはいけないのだ、とあらためて痛感します。この間に被害はますます拡大し深刻化しています。しかるに国は球磨川水害のように、自らのサボタージュによって生じた被害まで逆手に取ってダム建設を実行しようとするのです。

正義に力を持たせるために

先生はこのような国、官僚とのたたかいに必要なのは「力を持った正義」でなければならない、と強調し続けました。単なる「正論」を主張さえすればそれで「正義は勝つ」として実現できるなどということは決してあり得ない、権力に押しつぶされるだけだ、ということです。その「力」、権力をも圧倒して私たちの意思を実現できる「力を持った正義」とは一体何なのか。私はそれは「国民の総意、住民の形成された合意の意思」ということなのだ、と考えています。

私はこの板井先生の話を、ラグビーを通して実感しています。私は福岡高校出身ですが、3年間冬の半年は体育の時間はラグビーの実技だけでした。雨の日は「理論」の授業です。1960年代はじめ、大学ラグビーは明治と早稲田の対抗時代です。私の福高は明治大学派でした。ボールを持ったら何も考えずにゴール目指して一直線に進め。もちろん相手は防いできますから、一人で飛込んでいってもつぶされるだけです。その相手の防御をうまくかわしていくのが早稲田のラグビーだといわれていました。それをかわさずにまわりのみんなと集団を組んで、その結集した力で相手の防御を跳ね飛ばし一直線にゴールへ向かう。結集した集団の力で相手の防御を避けるのではなく、正面から打破ることこそが要求を実現できる最高最短の道だと確信できました。

私自身はこの結集した仲間をつくりあげていく具体的な取組みを水俣で事務所を開くことによって、一から学べたと感謝しています。板井先生も沖縄でのたたかいから得た教訓も大きいと思いますが、さらに水俣で事務所を開くことによってますます鍛えられ、豊かな活動の内容になっていったのだと思います。「力のある正義」と先生がいう時、そばにいる私たちは「そうだ、私たちはその道を歩んでいる」と実感できました。

諫早問題でもそうですが、同じ長崎県の石木ダム建設をめぐる問題でも、私は困難に直面して立往生しかけると、「困った時の板井だのみ」と称して、先生に助けを求めていました。先生の状況を判断する正確さ、人を見る目の確かさには、まわりにいた多くのみなさんが実感しているのではないかと思います。ハンセン病問題の判決直後、いかに一気に解決するか、という場面で先生は私に、「判決は政府だけではなく国会の責任も厳しく認めている」と強調しました。問題解決の責任の重要なカギを国会議員自身にも負わせる、ということだったと思います。普通国会議員に話をする場合は、いかに政府、官僚に働きかけてもらうか、という政府、官僚を動かすための活動だと理解していた私にはまさに目からうろこでした。そうなんだ、国会議員自らの責任の問題でもあるのだということでした。ハンセン病問題の解決にとって重要な視点のひとつだったと思います。このような「正義を実現する力」をつくりあげていく努力の積み重ね、その結果が問題解決へ前進する大きなたたかいになるのだと思えます。

住民が望む公共事業のために

先生にとって大きな心残りであろうと思うことのひとつは、無駄な公共事業などを中止に追い込んだ後の後始末の仕方だったのではないか、と思っています。まさに川辺川でもそうですし、石木ダムでも同じ問題が生じますが、一定の工事が進められた事業では、当然その工事に伴って一定の被害を受けた人がいます。場合によっては積極的に自分から協力して、住みなれたふるさとを離れる道を選択した方もいるでしょう。その事業を中止すると決定した場合、当然解決しなければならない問題が山積みすることは明らかです。決して金銭的に解決できることばかりではないことは自明ですし、そもそもそれまで事業の中止を求めてきた私たちの中止を要求した理由も、決して金銭的な問題ではなかったはずです。事業を中止した後の解決方法は金銭的な補償によって行うなどということが許されるはずもないことだと思います。基本的問題としてどのように考え、どのような制度を構築するのか、そしてこのことはまさに「真の住民が要求する公共事業」を実現するために、どうしても必要な制度を構築するたたかいとまったく同じたたかいなのだ、と思います。

　私たちはこれまでのたたかいの前進のなかで、いくつかの事例で事業を中止に追い込むことができるようになりました。しかし、中止に追い込んだ後に生じる問題解決については、充分な対応もできていませんし、そもそも問題点の充分な理解すらできていない状況だと思えます。板井先生は、そのことが意味する重大性と問題解決への取組みの必要性、その切実さを誰よりも理解していたのだと思います。そのために必要な取組みを考え実行に移そうとしていたのだと私には思えます。少なくともその構想が広くみんなに語られ、私たちにも少しでも共有できるものとして形になっていたら、と考え

最高裁前の大漁旗。2019年7月26日、よみがえれ！有明訴訟の最高裁口頭弁論前の集会にて

ると、無念の思いが込み上げてきます。
私たちがどこまで先生の想いをさらに前進させていくことができるのか、あらためて問い直しています。

関連書籍

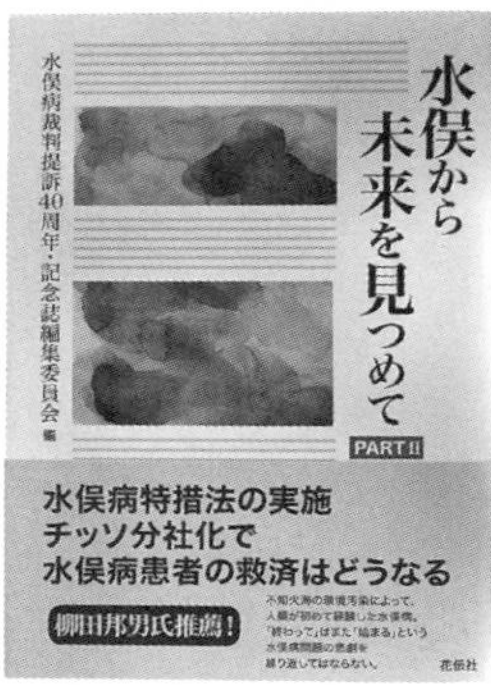

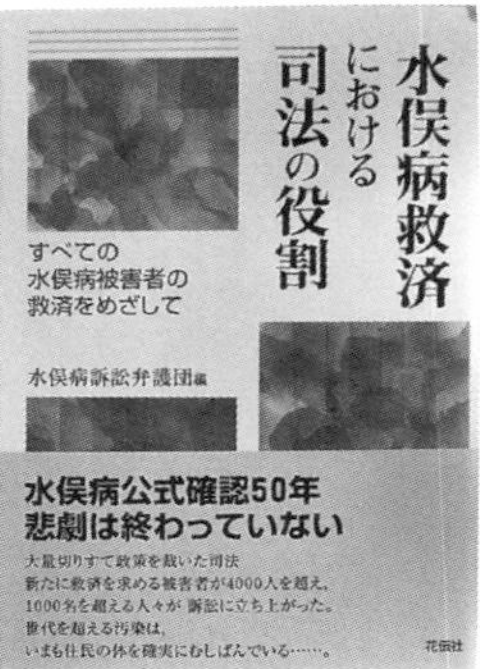

法廷をたたかいの場に～ハンセン病

德田　靖之

隔離の現場での提訴

私たち九州在住の弁護士にとって、板井優弁護士は、久留米の馬奈木昭雄先生とともに、憧れであり、目指すべき目標でもありました。そうした存在であり続けた先生の訃報に接して、文字通り言葉を失い、衝撃を受けました。

先生とは、薬害エイズ訴訟や電磁波訴訟でも行動を共にさせていただきましたが、本格的に肩を並べて取り組ませていただいたのは、何と言ってもハンセン病国賠訴訟でした。

ご承知の方も多いと思いますが、この裁判は、九州弁護士連合会に寄せられた一通の手紙がきっかけでした。国立ハンセン病療養所星塚敬愛園に50年を超えて収容され続けていた故島比呂志さんが書かれた手紙には「らい予防法のような世界に例のない悪法をかくも長きにわたって存続させたことに、人権に最も深いかかわりを持つはずの弁護士会に責任はないのか」と書かれてありました。

この手紙に鞭打たれる形で立ち上がった私たちにとっての最初の難題は、提訴地をどこに定めるのかという問題だったのです。

当初名乗りをあげた原告は13人、その内、鹿児島県鹿屋市にある星塚敬愛園の入所者が9人、熊本の菊池恵楓園入所者が4人という内訳でした。

このため、鹿児島地裁に提訴するのか、熊本地裁に提訴するのかを決めるのは困難を極めました。

一方で、両地裁に提訴という形をとるのは、それでなくても少人数の原告を分散することになり、避けなければなりませんでしたから、弁護団会議での議論は難航し、結局、苦肉の折衷案として、福岡地裁への提訴という方針を一旦は決めたのです。

そうしたところ、この日の弁護団会議に欠席されていた板井先生から痛烈な批判を受けるところとなりました。

ハンセン病国賠訴訟第2陣提訴で熊本地裁に入廷（左端が板井優弁護士）

様々な困難が予想される国とのたたかいにおいては、当事者とこれを支援する市民のたたかいを如何にして築いていくかということが、何よりも肝要であり、そのためには、隔離が行われた現場としての療養所の所在地に、たたかいの場を設定することが必要不可欠だというのが板井先生の批判でした。

水俣における厳しいたたかいの教訓を踏まえた先生の批判を受けて、私たちは、星塚の原告の了解を経て、熊本地裁への提訴へと方針を変更したのです。

判決から20年を迎える今から振り返りましても、このハンセンのたたかいは、水俣や川辺川のたたかいを経た熊本地裁で行われたからこそ、歴史的な勝訴を勝ちとることができたのだと確信します。

法廷をたたかいの場に

このハンセン病国賠訴訟における法廷では、私は常に事務局長を引き受けられた板井先生の隣に着席することになりましたので、貴重な経験をさせていただきました。

何よりも学んだのは、被告国との対応のあり方でした。例にもれず、ハンセン病訴訟においても国は、不誠実な対応をとり、しばしば私たちに許し難い思いを抱かせるのですが、そうした時に、板井先生は、間髪を入れずに厳しい声で国の代理人を鋭く批判するのです。その迫力には、魅せられました。法廷は、シーンと静まり返り、原告の皆さんに「そうだ、その通りだ」という思いが盛り上がり、そして、国の代理人が俯くということが何度か重なりました。ややもすると形式的なやり取りに終始する法廷が活性化していく様を目の当たりにして、私なりに学んだことは、法廷を原告・支援者と一体となってたたかう場とすることの大切さでした。集団訴訟の経験に乏しかった私にとって、法廷そのものがこうした原告と一体となってのたたかいの場であるとの認識を得たことが、その後の弁護士としての在り様を大きく変えていく機会になりました。

それにしても、このハンセン病訴訟の勝訴への道のりは、険しいものでした。

提訴にあたって、隔離政策の誤りを証言してくれる専門家の確保もできていなかったのです。そうした私たちが、提訴後にやっと巡りあえたのが故犀川一夫先生でした。沖縄在住だった犀川先生から、会うとの手紙をもらったことを報告したところ、体調がよくないとお聞きしていた板井先生がどうしても行きたいと言われて同行することになったのです。板井先生とすれば、隔離政策の最中に隔離政策に疑問を抱いて長島愛生園の医官を退官し、台湾、沖縄での開放治療への道を切り拓いた犀川先生の証言こそが、原告勝訴にとって必要不可欠だとの思い

ハンセン病国賠訴訟の熊本地裁門前集会。ハンドマイクで原告らを励ます

があったのだと思います。

無理をしてのその沖縄行きの飛行機の中で体調が悪化して、急きょ熊本に引き返すことになり、その後の療養のために、一旦は戦列を離れられることになったのですが、この出来事こそは、板井先生が、困難なたたかいを原告勝訴に導くために、文字通り命がけで取り組んでおられるのだということを私たちに示されたものでした。

その先生が不死鳥の如く蘇って、歴史的な熊本判決に立会われ、そしてその判決から10年後の2011年5月、沖縄愛楽園で開催されたハンセン病市民学会第7回交流集会の分科会「ハンセン病国賠訴訟の意義と今後の課題」に参加されたのです。

席上、先生は、「裁判所は実は、国会が作った法律を過去の事実にあてはめて判断するという最も保守的な世界です」と前置きしたうえで、「人権侵害の事実を〝これでもか、これでもか〟と裁判官にみてもらい、この事態が憲法に反するかどうかということを判断させる以外に勝つチャンスはありません」と述べ、提訴にあたっての判断の理由を「被害地により近い裁判所に、ハンセン病回復者に対する人権侵害の事実を知ってもらい判決してもらうことが必要にして不可欠だと考えた」と明らかにされました。

その分科会において、隣に坐りながら板井先生なくしてハンセン病訴訟の勝訴はなかったとしみじみ思ったことでした。

あの判決から20年を経て、今熊本地裁では、菊池事件の再審請求事件がスタートしています。
先生がご健在であれば、その先頭に立たれたであろうこのたたかいをはじめとする残された諸課題に対して、先生のご遺志を受け継いで、残された人生をかけて挑み続けることをお誓いして、先生へのお別れの言葉とさせていただきます。

関連書籍

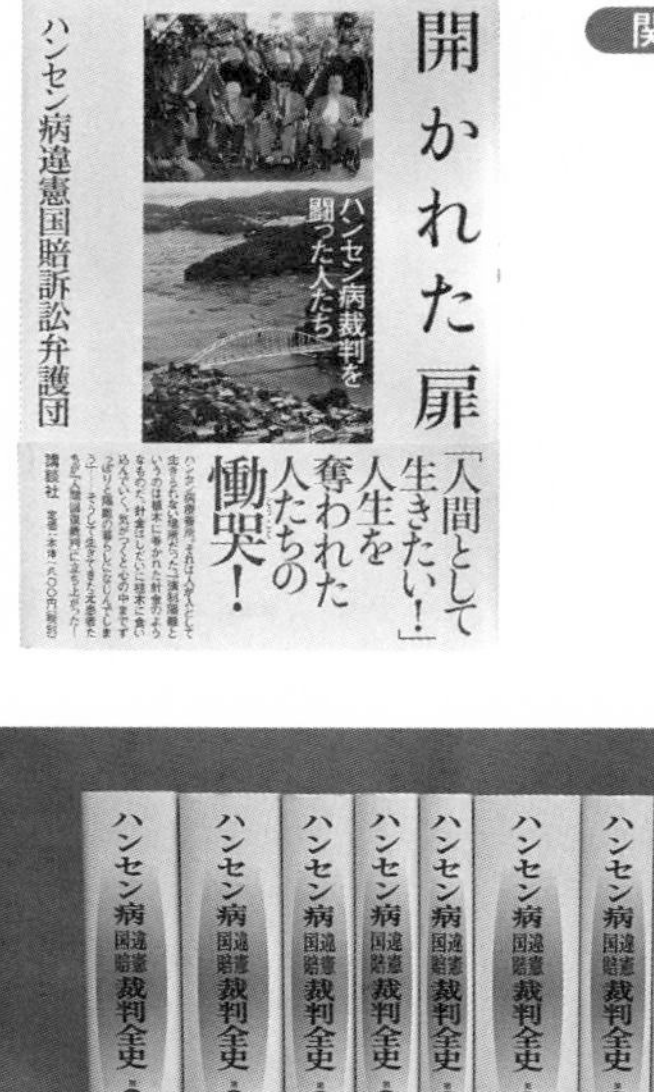

板井優という不世出の役者～水俣病・川辺川

松野　信夫

水俣病の取り組み

板井先生との思い出は本当に尽きません。記憶を喚起すれば苦楽をともにした幾つもの場面が泉のように湧いてきます。板井先生は、熊本はおろか九州や全国的な課題に幅広く取り組んでおられ、私も多くの事件でご一緒させていただきました。水俣病訴訟、ハンセン病訴訟、川辺川訴訟、じん肺訴訟など枚挙にいとまがありませんが、とりわけ水俣病と川辺川は板井先生から教えられ、怒られながら一緒に取り組み、私も弁護士としてのイロハから教えてもらった事件です。私も全精力を傾注してきたつもりですが、板井先生には及ぶべくもありません。社会的正義を追求する事件に対して取り組む気力、労力、迫力は、とてもかなわないと常々感じていました。

熊本のような保守的な県で多くの革新的な訴訟を提起して、また勝ち続けてきたことは本当に画期的なことです。水俣病訴訟で国を相手とする国賠訴訟を初めて提起し、またハンセン病訴訟で全国初めて勝訴判決を得たこと、川辺川利水訴訟では第一審では敗訴しながら控訴審では逆転勝訴を得たことなど、すべてに板井先生がその中核となって動かしてきたことは紛れもない事実です。熊本地方裁判所での水俣病第三次国賠訴訟の判決時には、私は東京行動班でしたから法廷で判決を聞くことはできませんでしたが、ハンセン病訴訟では熊本地裁の原告席で判決を直接聞くことができました。私は、隣に座っていた原告と一緒になって喜んだこと、板井先生は勝訴は当然といった顔でしたが、涙流して喜んでいたことなど思い出します。

ハンセン病訴訟など全国的に見ても先進的な取組みが行われてきたのは、何と言っても水俣病訴訟の存在が大きいと思います。水俣病は、熊本県南に位置する水俣市を中心とした四大公害の一つです。それこそ九州の片田舎の事件ですが、世界的な公害事件です。しかも水俣市はチッソ城下町といえるほどチッソが圧倒的な勢力を誇っており、それこそ誰もチッソには逆らえない環境ができあがっていた、そうした環境下での事件です。

若き日の面々。（左から）松本津紀雄、板井優、松野信夫、竹中敏彦、北岡秀郎（敬称略）

被害者はこうした環境の中でよくぞ立ち上がった、口にできないような苦難の中から這い上がって訴訟を提起し、相手はチッソという国家権力と見まごうほどの大企業と言っても過言ではありません。こうした困難極まる訴訟であったからこそ、被害者も弁護士も事件現場で厳しく鍛えられたといえます。鍛えられたからこそ、その後の困難な訴訟でも戦える弁護士が育ったといえます。板井先生は、本土復帰前の沖縄の出身で、弁護士になる前から鍛えられていたともいえるでしょうが、水俣病訴訟でさらに一層磨きがかかったことは間違いありません。

主張立証の組立

水俣病訴訟にしても、川辺川利水訴訟にしても、弁護士にとっては、どのような主張を組み立てるか、その上にどのような証拠固めをするかが問われます。とりわけ国など公的機関を相手にするときの主張、立証は困難なことが多いのですが、被告からの細かな法律論などを論破して乗り越えなければなりません。板井先生はこの点でも飛び抜けて優秀な弁護士であったと思います。国賠訴訟などの社会的意義ある訴訟の主張、立証に秀でた能力を板井先生以上に発揮していた弁護士は知りません。

水俣病国賠訴訟では、板井先生が水質二法違反、故西清次郎弁護士が食品衛生法違反、私が漁業法、漁業調整規則違反をそれぞれ担当しましたが、板井先生は自身が担当していた水質二法違反だけではなく、全体的な責任論に目を通して他の弁護士にも色々と注文を付けていました。他の弁護士の担当分野でもよく研究しているなあと思うこともしばしばでした。

川辺川利水訴訟では、細かな法律解釈論よりも、農民の同意を得ていないという事実論で勝負をかけたのです。弁護士はともすれば、華やかな法律論を展開し、裁判所の新しい法律解釈を引き出すことで勝訴できれば格好いいという気持ちになりがちです。新しい解釈を勝ち取ったということになれば、法律雑誌に掲載されますので、勝訴した弁護士としても鼻が高くなります。事実論で勝っても、新判例になるわけではありませんからその意味では地味です。

川辺川利水訴訟では、まさにこの地味な道を選んで、農民の同意がいかに杜撰でインチキであったか、中には死者の同意もあったことを次々に暴露して、これが勝訴の決め手になりました。この戦術も板井先生の判断でした。しかし農民の同意の有無を調査するのは本当に辛くて骨の折れる地道な作業でした。板井先生は断固としてこの辛い戦術を採用し、弁護団の中では森徳和弁護士が板井先生の命を受け中心になって汗を流しました。

この戦術のおかげで福岡高裁では勝訴し、国は上告断念に追い込まれたのです。小手先の法律論であれば、上告の道も残されていたでしょうが、事実論で勝訴したのですから、その道を断ったのです。事実審理は第二審までで、最高裁は法律審という原則からして、上告させない戦略戦術が光ったといえるでしょう。

原稿の用意

板井先生について、教えられたり感心したりすることはこうした川辺川利水訴訟の戦略など数限りなくあります。私が受けた弁護士としての仕事ぶり、或いは人生の生き方そのものに対する影響は計り知れないものがあります。感心することの一つには大勢の前で話すこと、例えば講演や基調報告などをするときには、必ずと言っても良いほど原稿を用意していたということです。私などは、その点いい加減でしたから、講演を依頼されてもレジメ程度は作成しますが、原稿までは用意していませんでした。

ところが板井先生は、大事な講演となると話すべき内容をキッチリと書面にまとめて、それを漏らさず話していました。水俣病でも川辺川でも、おそらく相当の時間を割いて演説原稿を用意していたと思います。そのせいもあって、板井先生の講演は起承転結がしっかりと構築されていて、多くの聴衆を引きつけ、彼らは聞き漏らさないように聞き入っていたのです。

またときには上手にアジテートすることもありました。川辺川利水訴訟のとき、原告団の幹部を前にして、やや怒ったように「皆さんはやる気があるのか。本当に勝とうという気があるのか」などと語気鋭く檄を飛ばしていたことがありました。私もそばで聞いていて、なるほどアジテーターというものはこんな風にするのかと感心したものでした。

そしてこうしたアジテートが終わって弁護団だけの飲み会になると、私にこっそりと「あれだけ檄を飛ばしたからしっかりやるだろう、当分心配ないだろう」と微笑んで心情を吐露していたので、板井先生クラスになると役者を演じなければならないのだと感じ入りました。

重ねた出版

板井先生が丁寧に原稿を用意して演説していたことの意味は、そうした原稿などを用意しておけば、いざ何らかの報告集や出版物を刊行するときには必ず役に立つことを体得しておられたのではないかと思います。この意味で言えば、板井先生は事件やあるテーマなどが一定程度解決すると、出版しようと言い出すことが良くありました。私も板井先生が言い出せば、反対する理由はありませんから、その出版に協力もしました。一つの本を出版するとなると、全体的な構想、規模、執筆の割り振り、原稿チェックなど時間も労力も取られますが、板井先生は案外そのプロセスを楽しんでいたようでした。

板井先生と一緒になって出版したものとしては、今思い出すだけでも『ちょっと待てサラ金』（熊本サラ金問題研究会）、『肥後のあじさい』（自由法曹団熊本支部）、水俣病訴訟や川辺川ダム関連が多数あります。その他にも大小様々な出版をしていましたので、板井先生は本を作ることが大好きだなと思っていました。その当時としては、その程度の認識しかありませんでしたが、後日振り返ってみると、その時々において自身や一緒に活動しているメンバーらと活動の記録を残し、社会に問うていくことはとても大事なことだと改めて痛感しています。

出版すれば良くも悪くも多くの人の目に触れ、中には厳しい批判にもさらされますが、社会への問題提起や警鐘にもなりうるものです。板井先生はそうしたことがよく分かっておられたので、積極的に出版に取り組んでいたと思います。

人垂らし

板井先生は、権力に立ち向かうときの激しい闘志があることは多くの人の知るところですが、ときとしてそれが味方のほうにも向けられていました。水俣病弁護団会議では、先輩の弁護士であろうと、たとえ当時の千場茂勝弁護団長に対してであろうと、容赦ない発言も飛び交っていました。板井先生は、準備書面の作成についても、証人尋問対策においても、先輩、後輩の弁護士に対して万事厳しく当たっていました。

要するに駄目なものは駄目、それでは訴訟に勝てない、相手の言い分を打ち負かすにはもっと別の強い主張が必要だ、相手が使う証拠に対しては別の証拠を活用すべきだなどとして堂々と先輩弁護士にも立ち向かっていました。私が立ち向かうと角が立つことでも、板井先生であれば、まあ仕方ないな、板井先生の言うこともっともだということで収まることもしばしばでした。

ある弁護士が、水俣病訴訟の反対尋問で国側の証人を追及していたことがありましたが、法廷でその追及の仕方が甘いと見た板井先生はイライラした様子で、隣に座っていた私に向かってこそっと一言「下手」と苦虫をかみつぶしたように言い放ったのです。万事こうした調子で味方にも厳しく当たっていたのが板井先生でした。

しかし板井先生についてさらに感心するのは、真剣勝負の場面では敵も味方も容赦なく批判追及しますが、いざ夜の飲み会ではすっかり人が変わったように穏やかになっていたことです。昼間ではあれ程厳しく批判していた先輩弁護士には柔やかに酒をついで回って先輩を立てたり、千場団長には「せんちゃん」、竹中敏彦副団長には「たけちゃん」などと愛称で話したりしていました。そして自身もほろ酔いになって酒の場を盛り上げたりしていました。

私から見ると、昼間の顔と夜の顔とがひどく違っているように見えました。他人を追及したり、おだてて上手に使ったりと、人使いに長けた人垂らしの人でしたが、ここでも板井先生はなかなかの役者だなあと思わせるのに十分でした。

板井先生程の大向こうを唸らせる役者弁護士はもう出てこないかもしれません。

「バスを降りろ！」～川辺川収用委員会・尺アユ訴訟

田尻　和子

収用委員会と尺アユ訴訟にかかわりを持ったのは、板井優先生と球磨川漁協の吉村勝徳さんが私の事務所に突然現れ、「じゃ宜しく」と鮎をおいていかれたことがきっかけです。何で、私？と思ったのですが、家族が鮎を食べてしまい、引くに引けなくなったのです。

収用委員会と尺アユ訴訟の経過と内容は、『脱ダムへの道のり』（熊本出版文化会館）に詳しくまとめられています。

国交省は、強制的に土地や漁業権を収用するために、土地収用法に基づき、川辺川ダム建設の事業認定を行い、球磨川漁協の特別決議で漁業権放棄が認められなかったので、国交大臣は、熊本県収用委員会に対し、漁業権の収用裁決申請を出したのです。そこで、漁民による事業認定に対する裁判と収用委員会と2つの舞台が用意されたのです。板井優、中尾英俊、松野信夫の各弁護士と私は、２００２年6月の第4回収用委員会から手続に参加しました。

収用委員会は２００５年8月29日第23回が最終の委員会でしたが、長い道のりでした。しかし、板井先生の意見陳述は絶（舌）好調で、毎回ユーモアやたとえを交えた話に、会場はおおいに沸いたものです。

当初は、漁業権の帰属主体が漁協組合のみか、漁民にもあるかが争点でしたが、２００３年５月16日福岡高裁の利水訴訟控訴審判決で農民勝訴の判断が示され、農民による歴史的勝訴判決が球磨川漁民の戦いの流れも変えたのです。

多目的ダムの一つの目的である利水目的がなくなったのですから、本来、国交省は、収用裁決申請を取り下げるべきでした。しかし、国交省は、利水協議が決まるまでと収用委員会の引き伸ばしを図りました。

その時の板井先生の「バスを降りろ！」発言は、名台詞でした。

「乗客の一人がバスから降ろされたのに、その連れ合いが、降ろされた乗客が再度バスに乗ってくるまでバスを止めて待ってほしいというのなら、自らがバスから降りるのがルールである」というものでした。ついでに、私の最終の収用委員会での「悪女の深情け」ダメ押し発言は、私の品格に反すると抵抗したのですが、結局、板井先生からの強要に屈したのです。国のやり方は収用委員会の「悪女の深情け」を期待しているようなものというくだりです。

結局、収用委員会の塚本侃委員長による「収用申請を取り下げ

現地調査でバスガイドをする板井優弁護士

なければ、収用委員会が収用裁決申請を却下する」との強硬な発言により、国交省が収用裁決申請を取り下げたのです。前代未聞の展開でした。

他方、２００１年３月26日、流域漁民が旧建設大臣の事業認定取消を求め提訴した、後の尺アユ訴訟の始まりですが、板井、松野、田尻が、代理人として参加したのは、２００２年１月31日第２回口頭弁論からでした。裁判長は、永松健幹裁判長でした。

収用委員会と同様原告適格が争点でしたが、訴訟の転機も、先の利水訴訟福岡高裁の逆転勝訴判決でした。そこで、私たちは、訴訟での勝利を確信し、相良村で集会を開き、「尺アユ訴訟」と名前をつけ、球磨川漁民５０４人が補助参加し、「川辺川尺アユ原告団」が結成されました。尺アユの旗が裁判所正門の門前集会を埋め尽くしました。原告団の勢いもあって、２００５年３月17日の第17回口頭弁論で、裁判長が原告適格だけではなく事業認定処分そのものについても審理することを法廷で明らかにし、これ

収用委員会に出席する板井優弁護士（右）、原啓章弁護士（左）、田尻

関連書籍

にあわてた国が、国交大臣側に訴訟参加しました。

ところが、先の収用委員会委員長発言で国と国交省は土壇場まで追い詰められ、２００５年9月15日収用裁決申請を取り下げたのです。これにより事業認定も全て失効することになり、尺アユ原告団は、同年12月28日の第21回口頭弁論で、本件訴訟を「勝訴的」に取り下げ、訴訟も終了したのです。

農民、漁民、そして球磨川流域の住民の「脱ダム」という歴史的勝利でした。「ダムありき」で住民抜きに進められたダム建設工事がダム本体工事を除く7割が完成するという絶体絶命の状態を、流域住民が夫々自分の問題として闘い、ひっくり返したのです。

しかし、球磨川流域は、八代海までつづく広範囲で、上流のダムの問題を、全流域住民の問題として、全流域住民が捉え、闘うことは、それを支援する側も途方もない理念と情熱がなければ成し遂げられるものではなかったのです。その中心に、「住民こそが主人公」の理念を高く、高く掲げて、諦めず、全力をあげて闘った板井先生の存在があったのです。板井先生なしに、奇跡とも言うべき住民の勝利はなかったと確信しています。

板井先生の闘いは、利水訴訟や尺アユ訴訟、収用委員会

関連書籍

という、訴訟・行政手続における弁護士の仕事にとどまらず、熊本県での利水の協議会、流域住民による住民討論集会など舞台は広範囲に及び、その奮闘ぶりは凄まじいとしか言いようがありません。板井先生でなければ到底できないことでした。

私は、ほとんど、枯れ木も山の賑わいといった参加で、しかも、一部の訴訟や行政手続に参加したにすぎませんでしたが、「脱ダム」という住民による土壇場の奇跡の逆転勝利という歴史的快挙の一部に参加できたことは、大変光栄なことでした。アユで釣って下さった板井先生に感謝です。

ところが、２０２０年7月の人吉豪雨で、熊本県は突如、ダム建設に方向を変えてしまいました。流域の人達にとっては、家を流され、生活を根こそぎ失い、生活再建も緒に就かない中での不意打ちとしか言いようがありません。川辺川ダム建設は、球磨川と共に生きる流域住民の意思にそったものでなければならないはずです。

「住民抜きにダムを語るなかれ」と、板井先生の声が聞こえてきそうです。

デモ行進する板井優弁護士（右から2番目）と田尻和子（右端）

板井先生に絡めとられて事務局長へ～トンネルじん肺

三浦　宏之

板井先生との出会い

私は最初東京で弁護士をしていましたが、東京から熊本に戻り、板井先生とお付き合いするようになったのは、水俣病第三次訴訟の弁護団に入ってからです。それからすでに30年が経っています。

八代出身の私は、東京でも水俣病裁判のことは気になっており、熊本に戻ったら参加したいなという気持ちもありました。帰熊してまもなく、水俣病の原告・弁護団の集会に参加したところ、すぐに弁護団に勧誘され、加入することになりました。千場団長、板井事務局長体制で、既に和解協議が始まっていました。

第三次訴訟が終了すると、今度は川辺川利水訴訟に関わり、これと並行してトンネルじん肺の闘いにも加わることになりました。いずれも板井先生から絡めとられたようなものだと思っています。おかげで、今ではとても無理ですが、当時は毎日夜遅くまで仕事をしていましたし、日曜、祝日も何かと行事があり、また年末年始の休みも短くなってしまったように思います。

トンネルじん肺事務局長へ

トンネルじん肺の闘いは、トンネル建設労働者が、トンネル掘削等の粉じん作業に従事したことによってじん肺に罹患するという被害を受けたことに対し、全国単一弁護団、単一原告団を組織し、ゼネコンを被告として損害の賠償を求めたゼネコン訴訟から始まり、「あやまれ、つぐなえ、なくせじん肺」をスローガンとしていました。そしてゼネコンとの和解後は、さらに国も被告に加えて、じん肺の根絶を求めた「根絶訴訟」へと展開していきました。

今回、トンネルじん肺の闘いを振り返るにあたって、「トンネルじん肺熊本ニュース」の第1号（1997年1月7日付）から見返してみました。ニュースに出てくる板井先生を紹介したいと思います。

まず、この第1号ニュースの作成者は板井先生なのですが、私の名前も入れた連名の書面になっています。ここで、私の弁護団事務局長就任は板井先生の頭の中では決まっていたのだと思います。それまで、板井先生は、私が、東京時代に金属鉱山のじん肺事件の弁護団に加わっていたことをどこで聞いてきたのか、天草に昔は炭鉱があってそこでたくさんのじん肺患者が発生し、炭鉱はなくなっても被害は未だに継続しているというような話を何度となくされていたように記憶しています（これは後日、西日本石炭じん肺訴訟の一翼を担う訴訟として、天草の元炭鉱夫のじん肺患者らを原告、国を被告として、２００５年4月27日熊本地裁に提訴し、その後和解解決しました）。私は、板井先生の敷いたレールに乗せられて、トンネルじん肺熊本弁護団の事務局長に就任することになるのです。

また、この第1号ニュースからは、既に板井先生が、東京のトンネルじん肺全国統一弁護団（幹事長・小野寺利孝弁護士、事務局長・山下登志夫弁護士）に参加しており、その打ち合わせに基づき、九州説明会を開催し、その後九州各県で弁護団を結成し、九州全体の取りまとめをすることを担っていることがわかります。この第1号ニュースを見ると、この時点では被告をどうするかということは決まっていなかったのですが、板井先生が、国を被告とするかどうか、また時効にどう対応するかなどの問題点を意識して、どのように闘いを組み、そのためにどのような体制を作っていくか検討していたことが分かります。

また、このニュースからは、東京地裁での提訴予定日を踏まえ、熊本地裁での提訴に向けての弁護団の勉強会や原告患者からの事情聴取の日程迄すでに決まっており、提訴までの予定を緻密に検討、準備されていたことも分かります。

ニュース第3号では、板井先生の行動力があらわになっています。九州各地に弁護団を結成するために、鹿児島、大分の弁護団に対する説明会を行っているのですが、「九州24時間一周の旅」として報告されています。１９９７年1月7日、板井先生は午前8時20分熊本発のつばめ1号で西鹿児島駅に10時54分到着。市内のホテルなど2カ所で説明ののち、15時20分鹿児島空港発の飛行機で16時6分大分空港到着。大分市内の法律事務所で説明、終了後大分弁護団の新年会に参加。翌8日深夜の夜行に乗り、博多経由で、午前8時16分上熊本駅下車。まさにすさまじい行動力です。とともに、板井先生の人脈の広さがわかります。この九州各県の弁護団は、その後筑豊じん肺訴訟弁護団のメンバーの参加を得て、国に対する勝訴判決を取得することになるのですが、その弁護団とのつながりを持っていたのも板井先生です。

このようにトンネルじん肺に関わってしまったため、その後板井先生が持って来た、先に述べた天草の炭鉱夫じん肺の事件や、電柱を立てるために穴を掘ってじん肺にり患した労働者の損害賠償請求事件などにも関わることになりました。

国の責任を問う

ゼネコンとの訴訟は和解解決し、「あやまれ」、「つぐなえ」は実現できました。しかし、「なくせじん肺」を実現するためにはどうしても国の政策転換を図らなければならないということになりました。板井先生のじん肺の闘いにおける視点は、個別救済からどう全体への救済に道を開いていくか、また「なくせ」をどう実現していくかということでした。ゼネコンとは和解しましたが、裁判をしなかった人も含め全員救済の立場に立つとどうしても国賠で勝訴し、国の政策を変えることが必要になります。板井先生は、「勝てるからではなく、やらないと道が開けないから国賠に挑んだ」と述べています。先生は、「水俣病や薬害の被害者は一般国民であるが、じん肺は労働問題であり、このような労働者の権利に関わる事柄について国の政策を変えさせることは一層困難である。これをやり切ったのが石炭じん肺の筑豊弁護団であるが、石炭じん肺は過去の問題であるのに対し、トンネルじん肺は現在進行形の問題であり、裁判所が国の責任を認めるためにはさらに一歩踏み込むことが必要」と考えていました。また、国を引きずり出すために、安全配慮義務を問題にすることで、監督者である厚労省だけでなく、トンネル工事の発注者である国交省、農水省、防衛省を被告にするという発想も大事であると考えていました。そして、何よりも重要なのは、じん肺の被害を示し、理解してもらうことだと教わりました。

代替できない弁護団長

このような視点で裁判を考え、進めていくことはだれにでもできることではありません。板井先生は原告に対し、その時その時の状況を踏まえ、大きな視点で課題と展望を示し、そして原告を励ましていました。私が裁判報告をした後、板井先生に弁護団長挨拶をお願いしていましたが、この役割は何人にも代えがたく、先生以上にこれができる弁護士はいないと断言できます。

板井先生は多忙を極めていたと思います。じん肺の全国弁護団会議は東京で開かれることが多く、朝一番の熊本発の飛行機で一緒になることが多くありましたが、大体先生は寝ていました。かと思うと羽田空港に依頼者を呼んでいて、車で弁護団会議の場所まで送ってもらいながら、その車中で裁判の打ち合わせをしていました。

じん肺の闘いは続く

個人的に残念だったことは、あまり先生と一緒にお酒を飲む機会がなかったことです。熊本に来た当初は、先生のオーラのせいか近づき難かったのを記憶しています。東京時代の川人弁護士にも同じようなものを感じていました（たまたま、司法試験受験時代に板井先生は川人弁護士らの勉強会に潜り込んでいたという話を聞きました）。その後話をする機会も増えてきましたが、「三浦さんどう思う?」といったなぞかけ風の質問だったり、また先生の話が難しく理解できなくて困ったことも何度かありました。酒の席であればもう少しよく理解できたのかもしれません。

板井先生はいなくなってしまいましたが、トンネルじん肺の闘いは続いています。じん肺救済法の制定を求めるという政策形成の課題です。どのように闘いを進めていけば良いか、先生の意見をもっと聞きたかったとつくづく残念に思っています。

関連書籍

運動と裁判の両輪で〜二硫化炭素中毒症

塩田　直司

板井優先生との出会い

私が板井先生と初めて親しく話をしたのは、１９８５年9月か10月頃だったと思います。当時私は福岡で司法修習2年目であり、弁護士希望であった為に、熊本における事務所はないだろうかと九州合同法律事務所の池永満先生に相談したところ、熊本中央法律事務所を紹介されたのでした。早々に熊本に行くと加藤修先生、板井優先生、吉井秀弘先生から接待を受け、熊本中央法律事務所に入るように勧誘されました。特に板井優先生からは熱心に勧誘されたので、当時結婚を前提に交際していた藤田光代ともども熊本中央法律事務所に入所することに決めたのです。

ところが、実際に入所したところ、熱心に勧誘された板井優先生の姿はなく、水俣病の解決の為に水俣法律事務所を開設されていたのです。私は開いた口がしばらく塞がりませんでした。

その後、板井優先生とは、水俣病第三次訴訟、慢性二硫化炭素中毒症訴訟、川辺川利水訴訟、自衛隊イラク派遣差止訴訟などをご一緒させていただきました。板井優先生の事件に対する独特の対応や訴訟戦術などいろいろ学ばせていただきました。

運動と裁判の両輪で事件を解決する手法

板井先生は、事件は裁判所だけで解決するのではなく、運動と裁判の両輪がなければ解決することはできないと言われていました。特に行政を相手にした裁判においては、国の機関である裁判所を動かすのは世論の力であり、世論の力がないと裁判所は動かないと言われていました。行政を相手にした訴訟において、国寄りの判決だと批判しても、それは運動が足りないからそうなったのであり、裁判所が国寄りの判断をすることは当然であり、それを覆すだけの運動が我々弁護士に求められているのだと言われていました。

私は、この板井先生の言葉はまさにその通りだと実感しています。いかに運動を組み立てるか、板井先生が水俣病問題や川辺川問題など解決の為にいかに運動を展開するかについて、深く考えられていたか、そこに思いを至らすと全く頭の下がる思いです。

水俣病第三次訴訟全面勝訴の旗を持つ塩田

それまでにない手法・その1～工場の検証

板井先生は時に極めて突飛な訴訟戦術を考えられることがありました。

その一つが、私が弁護団事務局長を務めた八代興人慢性二硫化炭素中毒症の事件です。

この事件は八代興人の元労働者が慢性二硫化炭素中毒症に罹患したとして、労災の申請をしたことに対してなされた療養補償不支給処分の取消を求めた裁判でした。いわゆる行政訴訟であり、被告は八代労働基準監督署長でした。

この訴訟を行うに当たり弁護団会議で、板井優先生は、この訴訟は療養補償不支給処分の取消を求める裁判だが、原告側の医師、学者と被告側の医師、学者の証言のみで裁判を行えば、裁判は負ける、この訴訟は損害賠償訴訟と同じようにやらなければならないと方針を示されたのです。その為には、まずなんとしても八代興人の工場内の検証を行い、裁判所に工場の状況を見てもらうことが必要である。その為にどうするか？　被告が当方の主張する工場内の状況について不知乃至争うと認否させれば良い、そうすれば立証の為に工場内を検証しなければならないということになると言われたのです。しかも当該労働者が働いていない現場についても検証させる為にはどうしたら良いかということも必要だと指摘されました。その結果、弁護団が主張したのが、ガス一体の原則というもので、空気より重いガスが、各現場の隙間から流れ出て工場全体が二硫化炭素ガスに覆われているという主張を展開したのでした。予想どおり、被告は工場の状態については不知乃至争うと認否しましたので、私たちは工場の検証の申立を行うことにしました。

さらに問題は、被告が八代労働基準監督署長であり、八代興人は当事者ではありませんので、第三者の八代興人に検証に入れるのかが問題になりましたが、ここは強引な板井先生の出番で、法廷傍聴に来ていた八代興人の職員に対して、裁判所が工場に入るのは問題ないだろうと詰めて、深く考えさせないうちに了解を取ってしまったのでした。強引と言うほかありません。

このように緻密な計画の書面を作り、かつ強引に話を進めることで、工場の検証を実現させることができました。

熊本から水俣までマラソン（先頭が塩田、中央が松野信夫弁護士）

それまでにない手法・その2～敵性証人との宴会

検証を行った後、労働者の尋問、原告側医師、学者の証人尋問を行い、その後国側の学者証人の尋問が実施されました。この時も、板井先生はこちらからも国側学者の主尋問請求をしようと言い出されました。もちろん反対尋問を超えて質問したい場合に主尋問請求をすることはあるのですが、板井先生の考えは更にその先を行っていました。

板井先生は、こちらも主尋問請求をしているのだから、その証人を裁判前に接待したい、夕食の場を設けると言い出したのです。国側の証人を接待するなど聞いたことがありませんが、言い出したら後に退かないのが板井先生です。その証人に連絡したところ、食事の場に来るという返事でした。証拠調べの前日に当該証人が法務局の訟務部の人に伴われ、我々が待つ食事の会場に来られました。訟務部の職員からは、まだホテルへのチェックインがされていないので、後はよろしくとの伝言で、奇妙な宴会が始まったのでした。

このような奇妙な宴会は、その後裁判の度に4回ほど続いたのです。

またこの証人の関係では、書かれた論文が我々の手許にはほとんどなかったのですが、その証人の法廷においての証言を受けて、再び板井先生は書かれた論文の提出を被告側に求めました。被告側はおそらく渋るのではないかと思ったのですが、何と証人自身が渡

原告の加来一則氏

すと言われたのです。後日、その言葉通りその証人の書いた論文が我々の手許に入ることになったのでした。もちろんこの論文を検討し、国側証人のその後の証人尋問において、大いに役立てたことは言うまでもありません。

慢性二硫化炭素中毒症の訴訟は1審勝訴で被告側が控訴断念で確定しました。このように1審で勝訴判決が確定したのは、板井先生のアイデアによる様々な手法を駆使した結果であると私は考えています。

関連書籍

八代興人労災訴訟（熊本地裁前門前集会）

闘いの日々～水俣病第三次訴訟

園田　昭人

先輩に厳しく、後輩に優しく

私は、１９８７年4月に水俣病第三次訴訟弁護団に参加し、以来同訴訟が終結するまで関与していましたので、板井優先生の思い出を記したいと思います。

水俣病第三次訴訟は、１９８０年5月に提訴され、私が参加した時点では既に7年近くが経過し、１９８７年3月30日に第一陣判決（いわゆる相良判決）が言い渡されていました。相良判決は、水俣病裁判史上はじめて国と熊本県の国賠責任を断罪し、原告全員を水俣病と認定する全面勝訴判決でした。これで解決するとの意見もありましたが、板井優先生は厳しい情勢判断をされていました。被告らは直ちに控訴し福岡高裁での審理がはじまりました。

当時の弁護団会議は、竹中敏彦先生あたりが楽観論を述べ、板井優先生が悲観論を述べ、激論になることもしばしばありました。午後6時ころに始まった会議は、午後10時過ぎまで続くということがしばしばありました。午後8時ころになると、団長の千場茂勝先生が夕食のことを言われるという流れが一般的でした。ただ、弁護団会議の途中で夕食を食べた記憶はありませんので夕食なしで討議していたのだろうと思います。板井優先生は、先輩弁護士に対しては厳しい意見を述べておられました。ある先輩弁護士は、起案した書面を落第答案のように酷評され何回も書き直しされていました。これに対し、後輩弁護士に対しては実に優しく、私も非難された記憶はありません。板井優先生は、悲観論を述べていたのではなく、敵方が最も厳しい攻撃をしてきた場合に備え、予め対策を考えておくべきことを述べておられたのだと思います。

板井優弁護士と歓談する園田昭人（左）

鋭い着眼と洞察力

相良判決の後、熊本地方裁判所では二陣以降の審理が始まりました。私も元水俣保健所所長の伊藤蓮雄さんの尋問を担当することになりました。国および熊本県は、熊本県が水俣湾の魚を食べないよう行政指導を徹底しており、原告らが汚染された魚を食べるはずがないとの主張をしており、このことを証明するために、その行政指導の現場責任者である伊藤蓮雄さんを証人申請したのです。

その反対尋問の準備を行う過程で、熊本県衛生研究所が行った毛髪水銀調査で伊藤蓮雄さんも毛髪水銀値を計測しており、38・8ppmあったことが分かりました。私は、このデータをどう使えばいいのか板井優先生に相談したところ、板井優先生は、現場の行政指導の責任者が汚染魚を多食して毛髪水銀値が高いということになれば行政指導は名ばかりのものということになるし、場合によっては伊藤蓮雄さん自身が水俣病の発症を心配しているかも知れないとの助言を受けました。証人尋問の前に伊藤蓮雄さんにそのことを確認したところ、自分の毛髪水銀値を知っておられ、自分も汚染された魚をたくさん食べたと認められました。しかも熊本大学の武内忠男教授から水俣病の検査を受けるよう勧告を受け視野検査をしたと述べられました。実際の証人尋問（1988年10月6日）の際も、そのとおり証言されました。私は、板井優先生の着眼と洞察力に驚き、大いに尊敬の念を抱きました。ちなみに、証人尋問の際、私が伊藤蓮雄さんに、「患者さんはどれくらい魚を食べておられましたか」と尋ねたところ、伊藤蓮雄さんは「我々がカレーライスを食うくらいにお上がりになる」と答えられたので、私は調子に乗り、「(証人は）カレーライスは好きなんですか」と打ち合わせになかった質問したところ、法廷内に笑いが起きました。後で先輩弁護士から怒られるかと思っていたところ、板井優先生から「おもしろかった」と褒めていただきました。

「朝から晩まで水俣病」

国は、相良判決後も解決に背を向け徹底的に争っていました。国の代理人である訟務検事が、福岡行きの特急列車の中で他の訟務検事と会話しており、「板井さんたちは朝から晩まで水俣病のことばかりやっているので容易ではない」と話していたことが漏れ伝わってきました。私は、この訟務検事の話を、多数の事件を抱えている訟務検事と違い、板井優先生をはじめとする水俣病弁護団は、土曜日も日曜日もなく朝から晩まで四六時中水俣病裁判のことばかりやっているので、裁判に勝つのは容易ではないと本音を吐いたのだろうと受け取りました。さすがに板井優先生といえども、土曜日も日曜日もなく朝から晩まで四六時中水俣病裁判のことばかりやっているはずはありませんが、敵方にそのように思われるほど、熱意と覚悟を持って国に対峙していたことは紛れもない事実です。弁護団の中でも板井優先生の熱量は並外れており、「板井さんたち」と冒頭に名前が出てくるのはそのためだと思います。

水俣病第三次訴訟（熊本地裁前）

大訴訟を前進させる力

後輩には優しい板井優先生ですが、供述録取書作成の催促は極めて厳しいものでした。供述録取書は、原告の生活歴・曝露歴や日常生活の支障等の被害を弁護士が詳しく聞き取って書面にし、裁判所に証拠として提出するものです。弁護士ごとに担当する原告が決まっており、私の担当は約70人でした。原告宅に何回か出かけて作成するので、ほとんどの弁護団員が思うように作業が進んでいませんでした。板井優先生は、弁護団会議において、弁護団全体の完成数がまだ目標に達していない、供述録取書作成の遅れは重大な問題であるとプレッシャーをかけていました。それは、すさまじいプレッシャーであり、私は、原告宅に車で出かけるが道が分からなくなり行き着かないという夢を幾度となく見ました。原告宅の近くまで来ているのに、なかなか辿り着けないという夢です。そのような板井優先生のすさまじい迫力が国を相手とする大訴訟を前進させたことは間違いありません。

私は、2005年10月からノーモア・ミナマタ第1次国賠等訴訟、同第2次訴訟に取り組んでいます。水俣病は未だ解決していません。次々に厳しい局面に直面しますが、その度に板井優先生ならどう構想しどう闘うのだろうかと考えています。水俣病訴訟弁護団は水俣学校と称され、多くの公害弁護士を育ててきました。後輩弁護士は、様々な困難な課題に取り組んでいます。

板井優先生と過ごした闘いの日々はかけがえのない宝です。

関連書籍

モノを解決する集団に〜水俣病・川辺川

内川　寛

弁護士とは何かを教えていただいた水俣病訴訟

板井優先生（いつも「板井先生」とお呼びしていましたので、以下でも板井先生と表記させていただきます）には、弁護士として、とても多くのことを学ばせていただきました。

そもそも弁護士とは何者か？　板井先生は、常々、「われわれはモノを解決する集団である」「モノは解決しなきゃあ、いかん」と言っていました。「モノ」それは社会内にある紛争のことだと思います。裁判所の判決だけで解決する紛争もありますが、もちろんそれだけではありません。

最初にご一緒することができた水俣病第三次訴訟では、勝訴判決だけでは解決しませんでした。板井先生は、弁護団事務局長として、勝訴原告だけでなく、全ての水俣病被害者を幅広く迅速に救済できるシステムを作るため、知恵を絞り、仲間を増やし、敵からも一目置かれるようになりながら交渉を重ねられました。そんなあるとき、板井先生に呼び出されて二人で飲んでいた際、「正義が勝つんじゃない。正義が闘えば勝つ。ただ、そのためには、死に物狂いでやらなきゃいかんのよ」

と言われたことは、深く記憶に残っています。

水俣病問題は、この第三次訴訟とそれに引き続く平成7年の政治解決では、板井先生の思い描いたような解決（「司法救済システム」と呼んでいました）には至りませんでした。内心、忸怩たる思いがあったのではないでしょうか。

2004年、別の患者団体が国に対する勝訴判決を最高裁で勝ち取りました。水俣病関西訴訟最高裁判決です。これをきっかけとして、2005年10月には、新たな水俣病の裁判、ノーモア・ミナマタ訴訟が始まりました。最高裁判決は、別の患者団体が勝ち取った成果ではありますが、板井先生は、「使える武器があるのに使わないのはおろかだ」と断言し、ノーモア・ミナマタ訴訟を後押ししてくれました。私は、この弁護団の事務局長に就任し、板井先生のようにとまでは行かなくとも、「死に物狂いで」頑張ろうと思った次第です。このノーモア・ミナマタ訴訟が始まってしばらくした頃、また板井先生から呼び出されて二人で飲んでいました。板井先生からは、「市民運動は、一人の百歩より百人の一歩が大事なんだ」と言われました。この言葉自体は、以前にも板井先生から聞いていましたから、特段、目新しいことではありませんでした。ところが、さらにそれに続けて、「弁護士は、それを力にしてモノを解決するんだ。そのためには、周囲から見れば、あいつは頭がおかしくなったんじゃないか、と思われるくらい、誰かがやらなきゃいかんのよ」と、いつにもまして熱く語られました。その言葉の裏には、第三次訴訟の時は、板井先生自身が、その

「誰か」になり、頭がおかしくなったんじゃないかと思われるくらい頑張ったのだという自負があったのだと思います。「一人の百歩より百人の一歩」と「死に物狂いでやらなきゃいかんのよ」という話とが、ここでつながったわけです。百人が一歩を踏み出したとき、弁護士は、たとえ一人ででも、百歩でも千歩でも死に物狂いで走らないといけない。そして、その役割が、今回は私だ、というわけです。弁護団事務局長という立場の重さをあらためて意識し、ちょっと気が遠くなる思いがしましたが、私もがんばろうと思った次第です。ただ、その後、北九州の母が膵臓癌との闘病生活を余儀なくされ、弁論期日の当日に病院から呼び出されて期日に欠席するなどの事情もあって、弁護団長の園田昭人先生から、大丈夫かと声をかけていただいたのを機に、事務局長を寺内大介先生にバトンタッチしました。

このノーモア・ミナマタ訴訟は、最終的に水俣病特別措置法により終結したわけですが、そこに至るまでには紆余曲折がありました。その途中で、板井先生にアドバイスを求めたことがありました。当時、与党水俣病問題プロジェクトチームが、解決一時金の金額提示を発表するかどうかが弁護団内で議論になっていました。与党PT案は出る、出ないでもめているのを見た板井先生は、

コントを演じるサングラス姿の板井優弁護士、右は塩田直司弁護士、左が内川

「出るか出ないかは、占いみたいなもんだから。そんなことより、出たらどうするか、だよ」と言われました。弁護士は、モノを解決する集団として、自分たちにとって最悪の事態を含めて、あらゆる事態を想定し、その上でどうすれば正義に即した解決ができるのかを考えなければならないという教えでした。

ノーモア・ミナマタ訴訟は、2度目の政治解決で水俣病特別措置法が制定され、最終解決になるはずでした。ところが、国は約束された沿岸地域住民の健康調査を実施せず、熊本県は、まだ被害者が残っているのに救済の窓口を閉め切り、非該当とされた方々の不服申立を認めないという対応に出たため、大量の未救済被害者が残ってしまい、現在、ノーモア・ミナマタ第2次訴訟で闘いを継続しています。きっと板井先生も力強く応援してくれていることと思います。

その他、水俣病関連で思い出すのは、私が第三次訴訟弁護団に加入して間もない頃、板井先生から数冊の本をいただいたことです。水俣病問題に取り組む弁護士として読んでおくべき本だということでした。そうは言うものの、その当時、既に入手困難な文献で、おそらく板井先生の蔵書だったのではないかと思われました。板井先生は、「勉強する人には、ちゃんとするのよ」と言いながら渡してくれ

関連書籍

ました。そう言われてしまえば、勉強するしかありません。本は、ありがたく頂戴しました。板井先生は、後輩を育てることに熱心で、とても面倒見の良い先生でした。

川辺川利水訴訟で学んだ集団での闘い方

板井先生は、水俣病第三次訴訟が終わった後、川辺川利水訴訟に取り組まれました。これは、新たに作る川辺川ダムから農業用水を引いてくる利水事業をストップするための行政訴訟でした。ダムからの水はいらない、という現地の農家の方々が原告となって提訴されたものです。私は、この弁護団には参加していませんでしたが、新聞報道などで状況は把握していました。地裁の審理も進んでいたあるとき、裁判所の構内で板井先生に偶然お会いしました。私の顔を見るなり、板井先生「ああ、内川さん。そろそろ内川さんの出番じゃないか?」私「は?何の話ですか?」板井先生「川辺川よ。弁護団に入らない?」私「え、もうけっこう進んでるんでしょ?今からですか?」板井先生「うん。今入れば、もれ

ハンセン病国賠訴訟（熊本地裁門前で挨拶する内川寛）

なく名誉が付いてくるよ」と笑っています。板井先生からお誘いを受けた以上、断ることもできません。そうした経緯で私も川辺川利水訴訟弁護団に加入することになりました。その後、弁護団が地裁人吉支部での原告本人尋問（出張尋問）を翌日に控えて泊まっていたホテルで飲んでいた時のことです。板井先生は、「裁判も長くなってくると、どうしても厭戦気分が出てくるからね。新しい刺激が必要なのよ」と言われました。私を弁護団に誘ったのは、どうやら新しい刺激のためだったようです。弁護団や原告団を、闘う集団として維持し動かすのも、なかなか気を遣う大変なことなのだな、と思ったところです。

川辺川利水訴訟は、一審敗訴でした。その時、板井先生は、「こういうこともあるさ。そんな時は、くじけないことが大事なんだ。絶対にくじけない」と自分に言い聞かせるように話されました。控訴審では、利水事業の対象農家が同意したという署名簿に、署名当時、既に死亡していた方々の署名（死者の署名）があるなど、同意取得のずさんな実態が明らかとなり、逆転勝訴判決が下りました。国はこれに上告できませんでした。おかげさまで、私も名誉ある地位を占めることができました。

川辺川利水訴訟は、ダムからの水はいらないという訴えでしたが、農業には水が不可欠です。この勝利判決が確定してからは、農家と行政との交渉が始まりました。板井先生は、モノを解決するため、交渉の先頭に立たれました。本当に、頭が下がる思いです。

この川辺川利水問題について、板井先生が最初に相談を受けた時の話を聞いたことがあります。川辺川ダム建設に反対、というお話だったようですが、板井先生は、それを前面に押し出すようなことをすれば輪が広がらないから、色んな意見があっていい、一緒に考えようと訴えるべきだとアドバイスしたとのことです。その甲斐あって、大量の原告と支援者を獲得することができ、「百人の一歩」が実現したのでした。

この裁判の判決の後、川辺川ダム計画は白紙撤回されました。ところが、令和2年の大水害をきっかけとして、再び川辺川ダム建設計画が進められようとしています。板井先生がこれを見たら、どう行動するでしょうか。

最後に

板井先生とは、その他にも原爆症認定訴訟や、らい予防法違憲国賠訴訟（通称、ハンセン病国賠訴訟）などの弁護団で一緒に仕事をさせていただき、また、プライベートでも親しくさせていただきました。その中で、弁護士としてだけでなく、人間として、様々な教えを受けることができたことは、とても幸運なことだっ

2001年5月11日、ハンセン病国賠訴訟で全面勝訴

たと思います。本当は、もっともっと教えを受けたかった、楽しいお話を伺いたかったというのが本音です。あまりに早く他界されたことは、本当に残念でなりません。

ここで紹介させていただいたエピソードは、私が板井先生から受けた教えのごく一部ですが、誰かの参考になり、受け継いでもらえるのならば、教えを受けた者として少しは恩返しができたような気がします。

関連書籍

「力のある正義こそが勝つ」

森　徳和

はじめに

私は、1989年4月に熊本県弁護士会に弁護士登録しました。1カ月程して、水俣病弁護団の千場茂勝団長が事務所を訪問され、弁護団に入るように勧められました。弁護団に加入後しばらくして、千場先生に私を勧誘するよう助言したのが板井優先生であったと知りました。

私と板井先生とのお付き合いは30年以上続き、思い出も数多いことから、限られた紙面にそれを尽くすことは出来ません。本稿では、板井先生の考え方を表すエピソードの一端を書き記すことにしました。

正義が勝つのではない、力のある正義こそが勝つ

水俣病第三次訴訟は、原因企業のチッソのみならず国、熊本県を被告とした裁判でした。提訴

当時、国による水俣病患者の切り捨て政策が進められ、多くの未認定患者が、救済されずに放置されていました。

弁護団は、国の政策を改めさせるためには、大量の患者が提訴することが不可欠であるという考え方から、第一陣を皮切りに追加提訴を重ねました。加えて、東京地裁、京都地裁、福岡地裁と全国で提訴を広げて行き、裁判に立ち上がった原告は2000名に達しました。

板井先生は、1987年3月、第一陣を間近に控えた原告団総会において問題を提起しました。その当時、行政法の学者の多くは、国の不作為責任（規制権限を行使しない責任）を問うのは難しいと考えており、来たるべき判決で国の責任が否定されることも予想されました。そこで、板井先生は、「零からの出発」という基調報告を行いました。未認定患者は、裁判をしなければ救済されない患者であるから、不当な判決が下されたときは、怒りの控訴をして闘いを続ける必要があると強く訴え掛けました。

幸いにして第一陣判決は、原告の全面勝訴となりました。大量の原告を組織するだけに止まらず、その原告が救済を勝ち取るまで一致団結して闘う必要性を訴え続けたところに、板井先生の「力の

韓国弁護士との交流（左端が森徳和）

ある正義こそが勝つ」という信念が垣間見られました。

川辺川利水訴訟では、最初に板井先生の事務所の扉を叩いたのが、後に原告団長となる梅山究さんでした。

板井「事業に反対しているのは何人ですか」

梅山「仲間は20人位です」

多くの場合、事業を積極的に推進するのは、自治体の首長や議員、事業に関わる業者でした。これに反対を表明するのは一部の住民で、住民の多くは様子見か中立の立場を取っています。当時、利水事業の対象となっていた農家は4000人に及んでいたので、20人では多勢に無勢でした。単に反対を唱えるだけでは、梅山さんたちの考えを広げるのは困難でした。

そこで、板井先生は、「十分な説明を受けなければ、同意出来ない」を合言葉として、事業に疑問を抱く対象農家の数を増やす戦略を立てました。その延長として、川辺川利水訴訟では、原告・補助参加人を併せて2100人を超える大量提訴を実現しました。この人数は、対象農家の過半数を越えるもので、人数を通して事業の問題点を世間に訴えるという成果を生みました。

加えて、控訴審では、対象農家2000名に対して、一斉に同意の有無を調査する「アタック2001」を展開しました。調査の対象者は、事業の推進派の中心であった相良村長にも及びました。推進派は、原告団が本丸に踏み込んできたと言って危機感をあらわにしました。「アタック2

001」のローラー作戦を通して、人吉・球磨地方の世論が変わりました。それまで事業への疑問を唱えることを控えていた対象農家が、公然と疑問点を指摘するようになりました。

「力のある正義こそが勝つ」という板井先生の信念が、実際の形となって現れた場面でした。

エース級の証人に勝たなければ、裁判には勝てない

二硫化炭素中毒をめぐる裁判は、興人八代工場で働いていた加来一則さんの労災認定をめぐる裁判でした。

後藤稠証人は、レーヨン工場の二硫化炭素濃度の測定に関わった研究者で、国の認定基準の作成にも関与していました。そこで、労基署は、裁判の切り札として後藤証人を申請しました。後藤証人の尋問は、1993年5月の主尋問、8月及び10月の反対尋問と合計3回実施されました。

2回目の尋問が終了した9月21日、板井先生と私は、奈良教育大の学長室で後藤証人と面会し、奈良市内の小料理店で歓談しました。率直な意見交換を通じて、後藤証人から裁判に有利な証言を引き出すのが目的でした。

板井「私の尋問は厳しいですが、先生のことは尊敬してます」

後藤「板井先生は、慇懃無礼(いんぎんぶれい)だから嫌いだ」

後藤証人の発言を聞くと、板井先生は、杯を重ね、店内狭しと沖縄民謡を踊り続けました。後藤証人がトイレに立ったとき、板井先生は、私に「今日は酔い潰れるから、後はお前さん頼む」と言ってカウンターで眠りました。それから、私が、後藤証人と話を続けたところ、「認定は、運動によって決まる」という発言が出ました。この発言は、認定の有無は、労働者の闘いによって変わるということを意味しています。後藤証人は、認定基準が絶対的ではないことを認めたのです。後藤証人は、裁判でも、認定基準が絶対的ではないと証言しました。

板井先生は、後藤証人に、敢えて酔いつぶれた様子を見せることで、相手の心を開かせて、裁判に勝つための証言を引き出すという変化球を投げました。エース級の証人尋問は成功し、裁判を勝利に導きました。

自由法曹団熊本総会での熊本支部あいさつ

裁判をどう終わらせるかが、本当の問題

二硫化炭素中毒をめぐる裁判は、１９９５年3月に判決が下される予定でした。

板井「判決が出てからでは時間がない。事前に労基署と会って控訴しないよう交渉して欲しい」
森「労基署に何と言って説得しますか」
板井「それは、お前さんが自分で考えろ」
私は、板井先生から、交渉を丸投げされて正直戸惑いましたが、判決の5日前、八代駅前の喫茶店で労基署の職員と非公式に接触を行いました。
森「今度の判決は私たちが勝ちます。控訴を断念して欲しい」
職員「なぜ勝つと分かるんですか」
森「裁判官の顔を見れば分かります」
職員「法務省は、行政訴訟を一審だけで確定させることに反対すると思う」
森「労働者の救済が最優先です。労基署は、労働者の救済という原点に立ち返って、法務省を説得して欲しい」
職員「持ち帰って検討したい」
裁判に勝ったとしても、相手方が不服申立てをすれば裁判は長期化し、労働者の救済は遠のきます。板井先生は、裁判の勝利を梃(てこ)にして、速やかに労働者を救済する方法を考え続けていました。二硫化炭素中毒の裁判は、熊本地裁の勝訴判決後、労基署が控訴することなく解決しました。
その姿勢は、川辺川利水訴訟の控訴審判決のときも同様でした。控訴審の審理は2003年1

月に終結し、5月16日に判決言渡しが決まりました。その日、板井先生は、福岡高裁の記者室で会見しました。

板井「私たちは、今日から上告断念の闘いを始めます」

記者「今日結審したばかりで、判決はまだですが…」

会見場の記者は、当惑の表情を隠しませんでした。上告申立て期間は2週間に過ぎません。判決が下されてから上告断念の運動を始めても、限られた時間では効果的な対策は打てません。

板井先生と私は、判決期日までに主な新聞社の社説の執筆者と面会し、勝訴判決が下されたら農水大臣が上告しないよう社説で論陣を張るよう要請して回りました。判決後、「農水大臣は上告するな」という社説が相次ぎました。

私は、「脱ダム宣言」で注目を集めていた田中康夫長野県知事と面会し、「勝訴」と墨書した垂れ幕を作成してもらいました。判決当日、テレビ朝日のニュース番組で「勝訴」の垂れ幕がアップで報道され、脱ダムを求める世論が一気に高まりました。

「先手必勝」限られた時間の中で闘う板井先生の確固たる信念の現れです。

板井先生も人の子

1996年6月、川辺川利水訴訟の第一審の判決が下されました。

板井「森さんどうしよう。マスコミの情報によると判決が薄いらしい」

裁判所は、行政を敗訴させるときは詳細な理由を書くため、判決は長くなる（厚くなる）と言われていました。「判決が薄い」とは、原告敗訴を意味していました。

森「この期に及んで心配しても仕方ありません。毅然とした態度で判決を受けるしかないでしょう」

板井先生は、社会的に注目を集めている裁判に負けた場合、原告団が動揺して足並みが乱れてしまうことを強く案じていました。マスコミ情報のとおり、裁判所から、原告敗訴の判決が下されました。

ところが、判決を聞いた原告団長の梅山さんは、「敗訴の判決が出たからといって、国に対する答えは『ノー』だ」。この一言で、原告団は、不退転の決意を固め、760名の原告が福岡高裁に控訴を行いました。逆転勝利への第一歩が、力強く踏み出されました。梅山さんの毅然たる発言は、板井先生の原告団に対する心配を一掃するのに十分過ぎる内容でした。

中途半端は許さない

板井先生は、中途半端な対応を嫌いました。

弁護団の若手に対しては、期待も含めて、手を抜かないように求めました。弁護団会議の後、しばしば食事に出掛けましたが、二次会ともなると、若手弁護士を捕まえて、「お前さんは本気か？」と覚悟を決めるよう迫られました。毎回のように「お前さんは本気か？」と迫られるため、二次会を敬遠する弁護団員もいました。

板井先生の矛先は、マスコミにも向けられました。水俣病第三次訴訟で福岡高裁の和解案が示された後、国は、和解を拒否しました。その後、環境庁は、独自の解決案を新聞社にリークしました。

これに対し、板井先生は、新聞社の記者を呼び出し、「なぜ、環境庁の記事ばかり書くのか」と問い詰めました。記者は、あらゆる立場から取材して報道するのがマスコミの使命だ反論しましたが、板井先生は、納得しませんでした。

中途半端な対応は許さないという板井先生の性格が現れた出来事でした。

水俣病第三次訴訟、水俣現地検証（中央でカバンを持つのが森徳和）

板井先生って、グルメ？

板井先生が水俣に事務所を置いていた頃、水俣に戻れなくなり私の自宅に泊まったことがありました。

板井「何かある？」
森「冷蔵庫にお酒があったと思います。用意します」
板井「何これ、酸っぱい日本酒？」

私が提供したのは、シャブリ（白ワイン）でしたが、板井先生は、腐った日本酒と思ったようです。
後日、板井先生とワイン専門店に入った際、私が「酸っぱい日本酒にしますか」とからかうと、板井先生は、黙って下を向いていました。

おわりに

板井先生が亡くなられて、1年以上が経ちました。この原稿を書いているときも、傍から板井先生の声が聞こえてくるような錯覚に陥りました。
改めて、心よりご冥福をお祈り申し上げます。

困難を楽しみながら〜水俣病・川辺川・ハンセン病・原爆症

三角　恒

水俣病弁護団での出会い

私が板井弁護士と関わるようになったきっかけは、何と言っても熊本県弁護士会に入会してすぐ、水俣病弁護団に入ったことです。当時は加害企業チッソのみならず、国や熊本県の水俣病の発生拡大をめぐる国家賠償訴訟が熊本地裁に提訴され、三次訴訟第一陣のいわゆる相良判決により、行政の認定基準を満たさない未認定患者に対する国、熊本県の法的責任が認められ、かつその賠償金額も水俣病と認定された患者と遜色ないものであった時期でした。

弁護団も意気揚々としており、その先頭に立って板井先生は水俣病の全面解決のために、当時の水俣事務所から、熊本、福岡、東京、京都、新潟と全国を飛び回っていました。板井先生の水俣病にかける情熱と意気込みは凄まじく、何がここまで板井先生を奮い立たせるのか、当初は不思議な気持ちになったことを覚えています。

弁護士は、いうまでもなく自営業であり、自分で収入の途を確保していく必要があります。目先のことを考えれば、水俣病の裁判のように先が見えない裁判に関わることはその労力や時間の莫大さからすればリスクが大きいといえます。当面の収入を確保するために一般事件の事件処理に精力をつぎ込むことは何ら非難されるべきことではありません。水俣病の解決のために自分の弁護士としての全能力を注ぎ込むというのは口では簡単に言えても、決して容易にできるものではありません。板井先生は、この困難なことを、いともたやすく行っていました。しかも、大事なことは、板井先生は、決してストイックに行っていたのではなく、誤解を恐れずに言えば、楽しみながら行っていたのではないか、ということです。決して、使命感や義務感だけではなく、水俣病問題の解決のために弁護士としての技能、知識、見識等、全身全霊をかけることが、自分の弁護士としての有り様であり、生きがいであったからではないかと思います。私は水俣病弁護団での板井先生の活動や姿勢また板井先生の水俣病に関わるすべての人との接触等を目にするなかで、1人の弁護士として、自分はどうあるべきなのか、ということを教えられたような気がします。

そしてそのことがその後の自分の弁護士として方向性を決定づけたのではないか、とも思っています。

水俣病第三次訴訟追加提訴

川辺川利水訴訟

水俣病が1995年の政治解決で一応の解決となった後も、いくつもの集団事件で板井先生とご一緒させていただくことになりました。

その一つが川辺川利水訴訟の裁判です。川辺川ダムは多目的ダムと当時言われており、利水事業は、その目的の1つであり、人吉、球磨地方の農家の人を対象に、多額の公共事業費を費やしてダムから水を引いて農家に水を提供するという事業です。対象農家数4000人のうち、3分の2以上の同意があることが事業の遂行に必要であると法律で定められていました。

しかし、同意書は出ていましたが、出された同意書が、本当に本人が真意で作成したものであり有効か?ということが問題となりました。

我々の方で調査をしていくなかで、同意書に署名した覚えはないとか、自分の字ではないというような人が多数出てきました。同意書はあるが、偽造ではないか?ということが問題となりました。この裁判は、川辺川利水事業の計画について、事業についての同意は無効であり、事業認定は瑕疵があり、取り消されるべきであるという裁判です。

しかし、4000人のうちの3分の2以上の同意はなかったことを認めさせなければ、この裁判は我々の敗訴となります。熊本地裁では敗訴となりました。

そのため、控訴手続きを取りました。控訴審でも、この点が大きな争点となりました。いかにして、同意に瑕疵があったことを立証すれば良いのか？

それでは、4000人全員を高等裁判所に証人で呼ぶのか？　高裁の裁判所が果たしてそんなことを認めるのか？　普通に考えれば、それは無理だということであきらめてしまうと思います。それを何とか智恵と工夫で可能にすることが出来ないか？　そのような発想は普通の弁護士では出来ません。それは可能であるという発想をするのが板井先生でした。そして、それを実際に実現させました。

それは1人の力ではなく、弁護士や裁判の当事者だけでなく、この問題に関わるすべての人の協力と努力によって実現していこうという発想です。川辺川利水訴訟では、福岡高裁で、全農家に全員の協力を得て、ローラーをかけて、同意書の取得の過程で錯誤や偽造等があり、3分の2の同意はないとして、逆転勝訴の判決となり、農水省は上告を断念して、農民の勝訴が確定しました。

事業の主役は農民であり、農民全体が事業はいらないと言っているのだから、事業を推進するのはおかしいし、裁判所も、事業の主役の意向を無視して裁判など出来ないよ、という板井先生の法的確信からくる当然の結果だと思います。

すなわち、板井先生は、そもそも被害者とは何なのか？　被害者の声を裁判所に届けて、司法の手で行政を変えさせるためにはどうすれば良いのか？　それは被害者自らの手で実現するしかないのでは？　弁護士はそのための協力者であり、アドバイザーにすぎないのではないのか？　主役は当事者であるあなただよ、ということをイヤというほど、叫び続けてきたのではないか、と思います。そして、その結果が報われたことによる安堵感と充実感が板井先生の次の大きな仕事に向けさせる強力なエネルギーになっていったのではないか。私はそう思います。

ハンセン病訴訟

次にハンセン病に関する裁判のことを述べます。ハンセン病訴訟は、らい予防法下での隔離政策による人権侵害行為が憲法違反であるとして国の賠償責任を認める判決が熊本地裁でなされ、当時の小泉首相の控訴断念の様子がテレビ等で大きく報道されました。この判決がその後の国や県の政策等に及ぼした影響についてはいうまでもありません。ハンセン病訴訟は、鹿児島の療養所にいた人から九州弁護士会連合会にあてた1通の手紙から始まります。

らい予防法という悪法により、未曾有の人権侵害が何十年も行われているのに、人権擁護の担い手である弁護士あるいは弁護士会がこの人権侵害について何の発言も何の行動もしないで放置していることについて、法律家としての責任はないのか？という法曹の責任を厳しく問う内容のものでした。この1通の手紙をきっかけとして、九州弁護士会連合会の人権擁護委員会が中心となって、療養所に赴き、ハンセン病問題の調査が行われました。

当時の調査の主体は、大分の徳田先生や、福岡の八尋先生や当時の若手の弁護士等その多くは福岡の弁護士が中心となって活動を行っていました。療養所の主だった人たちとの信頼関係も大分や福岡の弁護士との間で形成されていました。そして、いざ提訴しようという話になったときに、どこの裁判所で提訴するのか?ということが問題となりました。

九州には、熊本の菊池恵楓園、鹿児島の星塚敬愛園、奄美和光園、沖縄の愛楽園、宮古の南静園の5つのハンセン病療養所があります。

提訴に当たって、熊本の弁護士にも声がかかり、熊本からも複数の弁護士が参加するということで、提訴先の裁判所を決めるための合同会議が行われました。

療養所の人たちは、提訴に至るまで精力的に動いてきた大分や福岡の弁護士が多数いたことから、福岡の裁判所に提訴することを希望していました。

このときに、強力に熊本地裁での提訴を主張したのが板井先生でした。福岡には療養所はなく、菊池恵楓園は熊本です。療養所があり、被害者が実際にいる裁判所に提訴しなければ、被害を本当に裁判所に理解させるのは難しい、支援の人との連携や、マスコミの関心度、運動等の関係でも熊本で提訴すべきだというものでした。議論の結果熊本で提訴するということが決まりました。熊本提訴と決定したときに、ガックリとした表情をした星塚敬愛園の方を弁護士の1人がなだめていたのを思い出します。

しかし、この選択は間違っていなかったと思います。板井先生は、「被害の主体は被害者であり、被害者が中心となって、みんなの力で裁判をやっていかなければ、裁判を勝つことは出来ない。まして、今回の裁判は国の90年近く存続した隔離政策の誤りを断罪するための裁判であり、被害者がいる裁判所で裁判を戦うべきである」ということを主張されました。まさに板井先生の法的確信に基づく裁判所の選択が裁判の結果にも大きく影響することになったのではないか、と思っています。

原爆症認定訴訟

後1つほど紹介したいと思います。原爆症の認定制度の是非を問う裁判が、全国各地で行われ、全国提訴の流れのなかで、熊本でも提訴することが決まりました。提訴の内容については全国共通ですが、熊本の弁護団では、内部被曝の問題を熊本で取り上げて、立証していくべきであるということを議論しました。その際、琉球大学の物理学の教授である矢ケ崎先生を証人として申請したらどうかという話がありました。内部被曝の問題は、当時議論が学会でもそれほど進んでいるとは言えず、矢ケ崎先生も劣化ウランの問題などで内部被曝の問題を取り上げて論考を書いておられましたが、学会でどの程度の認知度と影響力があるのか、私としてはつかみかねていました。

矢ケ崎先生に証人として出てもらうのは危険が大きく、裁判の結果に大きく影響するので矢ケ崎先生の証人尋問の実施には反対でした。このときに、板井先生に面と向かって、反対の理由を述べたところ、板井先生は、「それなら、どうして矢ケ崎先生と面と向かって議論しないのか？我々は水俣でも、癖のある医者の先生と対決して裁判で証人尋問を成功させてきた。矢ケ崎先生と対決すべきではないか？」と述べられました。そこで、私は、沖縄に飛び、率直に矢ケ崎先生の述べておられるところで、私が納得いかないところを指摘しました。そして、この点について先生はどのように考えられるのか？ということを率直に述べました。矢ケ崎先生との議論の結果、一致点を得ることが出来ましたので、矢ケ崎先生の尋問は行われることになりました。法廷でも矢ケ崎先生の尋問は成功し、熊本地裁の判決でも、内部被曝の点について事実認定の理由として引用されました。

私は、専門家の証言を求める際の弁護士側の姿勢について板井先生から教えられたと思っています。板井先生とのこのときの体験を通じて、実際に自分の目で確かめ自分の頭で確信を得ることの重要性を認識するに至りました。

原爆症認定訴訟弁護団がフクシマ事故後に集会を開く（中央が三角恒）

解決のための大きな構想～原発なくそう！九州玄海訴訟

東島　浩幸

福島第一原発事故を機に原発問題に取り組み始める

2011年3月11日の福島第一原発事故（以下「3・11事故」という）以前において、九州の弁護士が原発訴訟に携わることはほとんどありませんでした。

3・11事故前の我が国は原発安全神話の中にありましたが、3・11事故はそれを吹き飛ばしました。約1100㎢の避難指示区域（緊急時避難準備区域を含めれば約2100㎢）、約16万人もの長期避難者を生み出し、仕事、財産、家族の関係、地域社会の人間関係、文化など様々な人間生活根こそぎの被害をもたらしました。フクシマの事故の被害が、空間的にも時間的にも甚大で取り返しのつかないものでした。

そこで、故池永満先生が最初に言い出し、私たち九州の弁護士たちは、2011年8月から物理学者を講師に呼んだ原発の学習会から始めました。水俣病はじめとする公害訴訟、じん肺訴訟等の職業病訴訟、よみがえれ！有明訴訟などの大型公共事業訴訟の経験のある弁護士が多く集まりました。最終的に、九州の弁護士を中心として弁護団約150名、常任弁護団40名、弁護団共同代表は池永満先生、河西龍太郎先生、板井優先生の3名、幹事長が私東島、副幹事長椛島敏雅先生、事務局長が長戸和光先生ということになりました。呼び掛け人の学者も、長谷川照元佐賀大学学長（原子核理論）、原田正純医師（水俣病問題）、宮本憲一氏（滋賀大学元学長、環境経済学）をはじめ、錚々たる顔ぶれで大きく構えることとしました。

九州玄海訴訟2次追加提訴の記者会見

訴訟方針が決まるまでの議論と板井優先生の役割

2012年1月31日に第一陣提訴をしましたが、それまでの間、弁護団（準備会）で様々な議論がありました。

例えば、①玄海原発の1号機のみを対象とするのか、1~4号機すべてを対象とするのか、②原発の危険性をどのように捉えるか（地震、脆性遷移温度、配管…）、③原告団の規模を1000人規模とするのか、10000人規模とするのか、などです。

①と②はリンクしています。従来、北部九州は地震が他の地方よりは少ないと言われており、

２０１１年時では玄海１号機の脆性遷移温度のことくらいしか具体的に指摘されることはなかったのです。ところが、板井先生が「危険な原発と危険でない原発があるのか？　そうではないだろう。原発推進側は、日本では絶対に過酷事故は起こらないと言い続けながら、今回の事故を起こした。自然科学を研究費やポストで歪めることもできる」と言いました。公害訴訟を長年やってきた先生方も同様の意見でした。そのため、１号機から４号機までのすべての稼働差止めを求め、過酷事故のみならず通常運転上もふくめてのあらゆる危険性を主張するということになりました。その危険性を考えるポイントとしては、原発事故の被害の裏側の加害構造をきちんととらえるということでした。

また、③については訴訟事務等のこともあり、１０００名規模で提訴するという意見もありました。しかし、数十年続いた原発推進政策に反する判決を裁判所に自信を持って書いてもらうためには何が必要かという観点を中心に議論しました。その中で、板井優先生などが言っていたのは、「原発訴訟の原告の人々は本来何の人間関係もなかった人たちが集団を作る。同じ会社で働いた労災職業病の集団訴訟の同僚という関係や居住地域が同じなどの関係などはない。そこでは「フクシマ事故の被害（者）に対する共感」をもとに団結するしかない。また、「政治信条や思想をもとに

関連書籍

すると分裂したり少数派になってしまう」ということでした。また、板井優先生は「こちらのいう科学技術論が正しければ裁判で勝つわけではない。つまり、正義が勝つのではなく、力ある正義が勝つのだ」ということを口酸っぱく言いました。馬奈木昭雄先生も、「最初に小さく構えたものは後から大きな構えにすることはできない」と言いました。結局、圧倒的な世論を味方に「力ある正義」を実現することが必須であり、1万人原告訴訟を目指すということとなったのです。

1万人原告の達成、及び、事実上の単独の弁護団共同代表

私たちは、2012年1月31日、「原発なくそう!九州玄海訴訟」の第一陣提訴を行いました(第一陣原告数1704名)。国と九州電力を被告として、玄海原発1~4号機の稼働差止めと、廃炉までの慰謝料を請求する訴訟です。この訴訟は圧倒的多数の市民・国民とともに闘うとして1万人訴訟を目指し、各地の原告団の奮闘もあり、2015年11月には原告1万人を突破しました。原告は47都道府県のすべてに及び、韓国・イタリヤ・フランス・スイスにもいます。

また、弁護団の構成でも、共同代表のうち、池永満弁護士が第1回弁論を最後に闘病生活に入り、河西龍太郎弁護士も事実上の引退となり、その後は板井優先生が事実上の唯一の弁護団共同代表として、弁護団を引っ張ってきました。

裁判所への佐賀市文化会館などでの弁論開催要求と毎回の意見陳述

板井先生が言い出したか否かははっきりしませんが、第1回口頭弁論に先立って、原告と弁護団で合わせて400名くらい詰めかけるのではという予想のもとで、裁判所には「裁判所の建物ではなく、佐賀市文化会館などで弁論を開き、原告の出頭の権利を保障すべきだ」と申し入れをしました。その要求は、裁判所法上、最高裁の許可がないと実現できない事項で実現しませんでしたが、進行協議の中で、新規原告がいる限り、毎回15分の意見陳述を認めるということになりました。それは、3・11事故の被害の実相をリアルに伝え広める場となり、また様々な立場の人々の原発から自由になりたいという貴重な意見・体験を広める場にもなっています。

能動的に動く原告団、自治体を味方に！

また、能動的に動く原告団を作っていくため、板井先生は、「岐阜の人たちが福井県の原発から放射性物質

毎回、佐賀地裁までデモ行進をした

に見立てた風船を飛ばしたら、10％が岐阜県内に落ちたとして危険性を実証している。これを玄海訴訟でもやったほうがよい」と提案し、「風船プロジェクト」に結実しました。原告団を中心に実行委員会を作り、春夏秋冬の４回、玄海原発のすぐ近くから１０００個の風船を飛ばし、どこに落ちるかを調べました。最も遠くに落ちたのは奈良県（約５０２㎞）であり、徳島県（約４００㎞）まで7時間で到達したこともわかりました。

また、板井先生は、「原発について、立地自治体として玄海町、そして佐賀県にしか意見が言えないことになっている。しかし、３・11事故で分かったのは立地自治体だけが被害を受けるのではない。被害を受ける可能性のある自治体は同じように物申せないといけない」ということで、「被害（可能）自治体」という用語を作り出しました。これは、原告団が、玄海町以外の自治体にアンケートや首長要請をしていくことの大きなステップとなりました。これはまさに圧倒的多数で脱原発を実現することにもつながっています。

関連書籍

解決のための大きな構想

最後に、板井先生は、とにかく解決のための大きな絵を描いていました。

①全国の原発差止訴訟が団結すること

②3・11事故の被害者の各地訴訟が団結すること

③その両者が手を握り、「フクシマを二度と繰り返さない」という社会的合意のための確実な方法＝原発をなくすことを追求すること

④小泉元首相、細川護熙元首相、菅元首相などとも連携はたらきかけをして、脱原発を政治的分野からも促進すること

などです。原発推進政策を180度転換するところまでいかないと「原発から自由になる」ことができないということだったと思います。

この構想の下に、私たち弁護団は、①脱原発弁護団全国連絡会に参加し、福井地裁の樋口判決を守る裁判（名古屋高裁金沢支部）の弁論には必ず出頭しました。また、②については、最大の原告数を有する「地域を返せ！生業を返せ！福島原発訴訟」の第一陣の弁論は、地裁・高裁のほぼすべてに参加し、他の千葉訴訟などにもエポックには参加しました。

最後に

板井優先生は、このような大きな構想と考え方などで弁護団を引っ張ってこられましたが、2018年5月の弁論を最後に出席がかなわなくなりました。板井先生の病気療養中も、私などはだいたい半年に一度は入院中の病院やご自宅近くの和菓子屋でお会いし、訴訟の現状を説明しお知恵を借りておりました。

2020年2月に板井先生がお亡くなりになり、現在、私たち弁護団は椛島敏雅先生を中心に闘っております。板井先生から教えていただいた考え方を基本により発展させ、「原発から自由になる」ことを実現させます。

板井先生、ありがとうございました。安らかにお眠りください。

「理屈はあとからついてくる！」〜ハンセン病・川辺川・原爆症

寺内　大介

「着地はどうする？」〜ハンセン病国賠訴訟

板井先生の猛烈な接待攻勢に屈し、熊本中央法律事務所に入所することにしていた私は、熊本での弁護修習時代、ハンセン病国賠訴訟の提訴前の上京に同行しました。行先は豊田誠弁護士。

全国に療養所があるハンセン病問題を解決するには、熊本のほか東京でも訴訟を提起し全国課題にする必要があるため、要請に行ったのです。板井先生と豊田先生は、水俣病をはじめ公害弁連の戦友であり、当事者と弁護士が世論を盛り上げつつ裁判を闘い、問題を解決する大衆的裁判闘争の同志でした。

豊田弁護士は、開口一番「着地はどうする？」と問いかけました。

たんぽぽ法律事務所の開設記念パーティーにて

大きな問題の解決を目指す訴訟を提起する際は、提訴前から勝訴判決後の着地の姿を議論するのかと感心しました。板井先生は「そうなんだよね〜」と応じられましたが、着地点が視界不良でも飛び出さなければならない場面もあるのかと思いました。ともあれ、熊本地裁、東京地裁、岡山地裁にハンセン病国賠訴訟が提起され、全国的なたたかいが始まったのでした。

板井先生は、川辺川利水訴訟やトンネルじん肺訴訟の弁護団長を始め重責を担っていましたが、「熊本地裁に提訴するなら板井先生が事務局長でないと福岡の弁護士は納得しない」と請われて、事務局長を引き受けました。

板井先生は、第2回弁論で「強制隔離に関する国の責任を明らかにし、同時に圧倒的多数の国民の理解と支持のもとに国に解決のための具体的方策を取らせていくことが必要にして不可欠です」と本件訴訟を大衆的裁判闘争としてたたかう意思を鮮明にし、被害現場の検証、出張本人尋問、集中証拠調べを求め、「石に齧りついても3年で解決するという固い決意」を表明しました(『ハンセン病違憲国賠裁判全史・第2巻』皓星社)。

板井先生が述べた意見は、大島青松園での出張本人尋問、菊池恵楓園の現地検証、集中的な証人尋問という形で結実し、提訴から3年で歴史的な勝訴判決に導き、ハンセン病補償法による救済制度を確立しました。

「理論の問題ではない」~川辺川利水訴訟

私が弁護士になる直前、板井先生は劇症肝炎を患い、療養中でした。板井先生の復代理人としてくわみず病院に事件の打ち合わせに行くと、「全部勝ち筋だろ」などと適当な引継ぎをされたのもいい思い出です。

板井先生は回復して復帰されましたが、「ダムはいらない」という世論の盛り上がりが不足していたのか、川辺川利水訴訟は、熊本地裁で敗訴しました。私のデビュー戦は「不当判決」の旗出しでした。

地裁の敗訴判決を受け、弁護団は、現地に控訴委任状をとりに行くことになりました。原告らが居住する人吉までバスで2時間かかるため、私は、「控訴権限まで委任を受けているから（民事訴訟法55条2項3号）、無理してたくさん集めなくてもいいんじゃないですか」としたり顔で言いました。これに対し、板井先生は、「理論の問題ではない。地裁判決を認めないという原告団と弁護団の決意を高裁の裁判官に届けることが大事」と一喝されました。

当時、私は、原付バイクしか持っておらず、しかも人吉からの

病気療養中のひげを蓄えた板井優弁護士

バス最終便が早いため、高裁でのたたかいに対応できないと思い、車を買うことにしました。高裁判決まで人吉に30回以上通ったのではないでしょうか。

高裁では、3人の専門家証人尋問のほか、板井先生が命名した〝アタック2001〟と称する2000名の農民に対する調査などを敢行しました。高裁の裁判官が2泊3日で人吉に出張して現地を視察し、対象農家と役場職員を証人として尋問しました。板井先生は、当日の朝刊をコンビニでコピーし赤ペンで甲番号を手書きして後出（後で証拠調べをする）の書証として示すなど、訟務検事（国の代理人）もビックリの型破りな尋問を披露しました。

弁護団が同意書コピーをチェックする中で、同意書が修正されているのではないかとの疑念が生じ、裁判所は、同意書綴りの原本を裁判所に留置することを決定し、控訴人ら代理人に原本を確認する機会を与えました。最若手の私は、原告団事務局の林田直樹さんとともに福岡高裁に出向き、4000名に及ぶ同意書の原本をチェックしました。すると、出るわ出るわ、署名欄や事業区分欄（継続・新規・除外）に修正液や砂消しゴムで修正した跡が多数発見されました。土地改良事業に「継続」して参加するか「除外」されるかは、事業負担金に関わる重大な内容ですが、これを同意署名後に修正液や砂消しで改ざんした疑惑が出てきたのです。

改ざんを確認した戦果を報告すると、板井先生は、「同意書の変造（無権限で内容を変えること）だ。変造は物的抗弁（誰に対しても主張できる瑕疵）だ」と断定。裁判所の内外で大騒ぎし、高裁裁判官の心証に大きな影響を与えました。マスコミを利用して社会的な大問題にするという手法は、板井先生の十八番でした。ともすれば見逃してしまいそうな問題も、板井先生の手にかかると〝歴史的な大事件〟に変身してしまうのです。

判決前の弁護団会議は、勝訴の見込みや判決声明などを検討します。弁護団の予想は半々だったように思います。板井先生は、「高裁ですれ違った裁判長が笑ってたんだよ」などと言って勝訴を確信していました。

全国的な脱ダムの流れも後押しし、福岡高裁は、流域農民に逆転勝訴の判決を下し、私は田中康夫長野県知事（当時）が書いた「勝訴　脱ダム宣言」の旗を出すことができました。

『ダムはいらない』（花伝社）というブックレットに裁判の意義や争点をまとめて、支援の輪と世論の支持を広げるという板井先生の発案は、『楽々理解ハンセン病』『原爆症認定訴訟』『ノーモア・ミナマタ』（いずれも花伝社）など、その後の訴訟にも定石として継承されました。

川辺川利水訴訟は、常識的な理論を超えた板井先生の思想と行動が全面展開された闘いでした（『脱ダムへの道のり』熊本出版文化会館）。

「8月の前に歴史的な判決を」～原爆症認定訴訟

原爆症認定訴訟は、私の弁護士人生にとって分岐となる訴訟でした。ハンセン病や川辺川のたたかいは、末席で板井先生についていく身でしたが、弁護士5年目に板井先生から振られたのが、原爆症認定訴訟の事務局長でした。

長崎の被爆者が最高裁で勝訴した後も、爆心から2㎞以遠にいた被爆者の疾病を原爆放射線の影響（原爆症）とは認めない厚生労働省の被爆者切り捨て政策を全国の集団訴訟で転換させようというものでした。

京都で原爆訴訟をたたかった水俣病の戦友・尾藤廣喜弁護士から、熊本も集団訴訟に参加してほしいと要請され、これに板井先生が応えて熊本地裁にも集団訴訟を提起することになりました。

熊本訴訟では、長崎現地検証のほか被爆者と非被爆者の病歴を聴取して比較する〝被爆者健康調査プロジェクト０４〟、内部被曝に焦点を当てた証人尋問など、水俣病やハンセン病、川辺川利水訴訟のたたかいの経験をフル活用しました。その結果、「審査の方針」の見直しや集団訴訟の解決合意につながる全国的にも重要な判決をとることができました。

プロジェクト０４の実施に際し、水俣病検診の実績を持つ熊本民医連の幹部の医師らに相談しました。その際、医師からは、「日常診療が大変なのに週末に数百名規模の被爆者の聴取をするなんて無理だ」という常識的な意見が出されました。これに対し、板井先生は、「これまでだれもやっていない調査をすれば褒められるのか」などと冗談を言いながら、医師らを説得し、被爆者280名、非被爆者530名の調査をやり切りました。おかげで、2004年の私の週末の半分は被爆者とともにありました。

全国で初めて内部被曝を正面から問う証人尋問を申請するに際しては弁護団内で強い反対意見がありましたが、水面下のクライマックスとなるこの場面でも、板井先生は正面から議論を仕掛け、弁護団を一つにまとめ上げました。

板井先生は、2009年3月30日の結審弁論で、「石井コートが今年の8月の前に最終的な解決を促す歴史的な判決を下していただきたい」と意見を述べ、8月3日の原告全員勝訴で集団訴訟の解決合意に結実させました（『裁かれた内部被曝』花伝社）。

被爆者全員勝訴の判決を報告する寺内（左端）と板井優弁護士

裁判所や被告に対し弁護団の決意と要求を鮮明にしてたたかうという板井先生の姿勢は、どの訴訟でも一貫していたように思います。

原爆症訴訟で熊本は新参者でしたが、板井先生の発想と言動は全国の弁護団でも重宝され、厚生労働省との交渉でも重要な役割を果たしました（『原爆症認定集団訴訟たたかいの記録』日本評論社）。

託されたバトン〜ノーモア・ミナマタ第2次訴訟

水俣病第三次訴訟で事務局長を務めた板井先生のバトンは、ノーモア・ミナマタ訴訟弁護団に託されました。弁護団員の多くは何らかの形で板井先生の薫陶を受けており、「板井先生ならこういうときどうする」と問いながら、日々格闘しています。

第三次訴訟は、国の責任を正面から問うて政府の決断を促し、約1万人の被害者を救済する解決を導きました（『水俣病裁判全史』日本評論社）。第三次訴訟の旗印だった「ノーモア・ミナマタ」を訴訟名にしたノーモア・ミナマタ第1次訴訟は、水俣病特別措置法とあいまって約3・5万人の被害者を救済しました（『ノーモア・ミナマタ訴訟たたかいの軌跡』日本評論社）。

そして今、第三次訴訟やノーモア・ミナマタ第1次訴訟では残されていた天草や長島など水俣から離れた地域で生活していた被害者を漏れなく救済することが、ノーモア・ミナマタ第2次訴訟の課題です。この訴訟では、診断書の信用性のほか、メチル水銀曝露の程度や除斥期間など、多くの論点で国は争っています。

「理屈は後からついてくる！」。板井先生の口癖でした。「救済されるべき被害者がそこにいる以上、弁護士はあれこれ難しい理屈を言って逃げずに、なんとしても救済に導け」という意味に私は理解しています。

ノーモア・ミナマタ第2次訴訟を勝ち抜き、すべての水俣病被害者を救済することが、板井先生の遺志であり、私たちに課された宿題です。

天国の板井先生から「よく頑張ったね」と褒めてもらえる日まで、力を尽くしたいと思います。

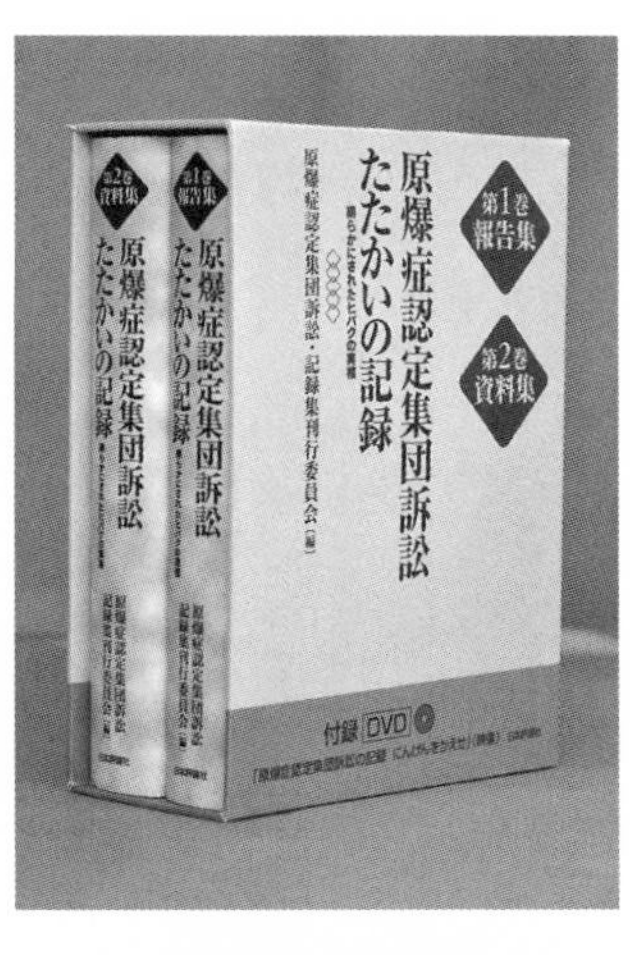

関連書籍

第2章　思い出をたどる

彼の原点〜沖縄

松本津紀雄

板井優先生との出会い

板井優先生と私が最初に出会ったのは、水俣病一次訴訟判決（1973年3月）の少し前でした。私は、東京から熊本に移ったばかりでした。

当時、板井先生は、まだ学生でしたが、判決直前の頃、支援にかけつけてくれました。水俣病一次訴訟は、チッソを被告とした損害賠償請求事件でしたが、弁護団は、法廷での闘いの他に、「支援者」との対応に苦慮していました。判決前に傍聴券を確保する必要があったのですが、板井先生は、「支援者」にこづかれ、暴力をふるわれました。

判決当日、弁護団が法廷に入廷しようとすると、「支援者」の一

熊本地裁前でもみあう弁護士と「支援者」

部の人達は、弁護団の入廷を妨害し、馬奈木弁護士達に暴力をふるいました。彼等は、「判決粉砕」を叫び、後には、「弁護団粉砕」と叫ぶようになりました。

しかし、水俣病一次訴訟判決は、画期的なものでした。私達は、チッソに乗り込み、強制執行の手続を済ませ、上京して、東京行動に移りました。

ところが、東京行動の時、総評の宣伝カーに向かって、「支援者」の集団が襲いかかり、総評の役員が負傷するという事態になってしまいました。このため、総評は、水俣病の支援から手を引き、公害闘争は、一時困難な状況に追い込まれてしまいました。非常に残念でした。

それからしばらくして、板井先生がひょっこりと当時下通にあった熊本共同法律事務所を訪れました。私の記憶では判決後ですが、あるいは、もう少し前だったかもしれません。

「司法試験を受けたいが、どうしたらいいですか」と聞かれたので、私は、「熊本にいると難しいと思う。例えば、東京に行って、司法試験の勉強会にでも参加できれば、それは一つの方法でしょうね」と答えました。その時は、事務所には私一人しかいなかったので、後にその話が伝わると、千場茂勝弁護士からお叱りを受けました。「せっかく板井君を熊本共同法律事務所に誘おうとしているのに、何ということだ」ということでした。私としては、板井先生がこのまま熊本に残ると、司法試験の勉強に集中できず、合格できるか心配だったのです。

ともかく、彼は（以下彼と書くことがあります）、上京し、司法試験の勉強に集中し、短期間で司法試験に合格しました。私は、それを聞いて、さすが板井先生だなと感心しました。

板井先生の「原点」

板井先生は、沖縄出身です。このことを強く感じたのは、私が熊本県弁護士会の会長で、板井先生が副会長の時、沖縄で九弁連大会（九州の弁護士の大会）が行なわれ、一緒に沖縄に行った時のことでした。

会議の合間に、彼は、太平洋戦争の激戦地とされてしまった沖縄を案内してくれました。普通一般に知られている戦跡の他に、滅多に行けない場所にも連れて行ってもらいました。

沖縄戦の中、人々が洞窟に避難した話は聞いていましたが、実際に見たのは初めてでした。うす暗い洞窟に入ると、この間まで、人々がそこにいたような錯覚に襲われました。「戦争はやめてくれ」と叫んでいるのが聞こえるようでした。

その時、彼は、何も言わず、私を見ました。彼は、声を大にして、「戦争は絶対反対、戦争を再び繰り返すな」と心の中で叫んで

水俣法律事務所の開設祝賀会

いたのです。

嘉手納空港にも行きました。次から次と、轟音を発して離着陸する黒い戦闘機が見えました。首里高校まで行きました。彼はうれしそうに高校時代の話をしてくれました。

彼、板井先生が、水俣病、ハンセン病、川辺川利水訴訟など幾多の困難な事件の解決をなし遂げた「原点」は、やはり、沖縄です。

「本土」のために大変な犠牲を払い、今なお困難な状況におかれている沖縄のことは、いつも、板井先生の心の中に重しとなっていたのだと思います。

板井先生の活躍

水俣病から始まり、ハンセン病、川辺川、じん肺、原発など、彼、板井先生の活躍には驚かされます。その大胆な発想、実務能力、突出した指導力、社会に訴える熱意、どれも、他の追随を許さず、感心するばかりです。

彼、板井先生が、もし、熊本に居なかったならば、熊本の司法界はどうなっていただろうかと思います。熊本のみならず、全国的

チッソ水俣工場前に並ぶ水俣病訴訟弁護団

にも大変だったと思います。

彼、板井先生は、人の10倍も仕事をして、命を縮めてしまったのです。

亡くなる1カ月前、私は、偶然、病院にて車椅子に乗った板井先生とばったりお会いしました。私も病院通いでしたが、板井先生は、痛そうな表情でした。これが、最後となってしまいました。

関連書籍

水俣病第三次訴訟判決報告集会（1987年4月15日）

人たらしの人

加藤　修

板井優弁護士と長年お付き合いしてきたものとして、思いの一端を述べさせていただきます。私は弁護士としては、板井先生より5期早く弁護士となりました。私が、熊本ですることになったきっかけは、水俣病です。板井先生に熊本に残ってもらうために、水俣駅前で「水俣病の闘いのために熊本に残ってほしい」と千場茂勝弁護士と共にお願いしました。国賠訴訟の訴状の起案なども共にしました。水俣病における板井弁護士の貢献は、大きなものがありました。「司法救済システム」と自ら名付けた救済制度に向かって真っすぐに進んでいきました。

板井弁護士は、また〝人たらし〟の人でした。高裁の友納裁判長、地裁の相良、足立両裁判長ら、名だたる裁判官達も板井先生の人たらしに喜んでまきこまれていきました。そして、良い和解や良い判決を書いてくれました。

牛島税理士訴訟の法廷で加藤の隣に板井優弁護士

板井先生は、そして、けっして誘惑には負けない人でした。国は、原告等を負かせるためにはあらゆる手段を講じてきます。それは、人間の弱みに付け込んでくるのです。けれども、板井先生はその堅物ぶりを発揮して彼らの悪だくみを撃退しました。それは、原告たちとの固い約束があったからだと思います。完全救済に対する、深い希望があったからだと思います。

東日本大震災があってから、原発に対する反対運動がおこりました。九州でも玄海、川内両原発の稼働のストップを求める裁判が起こりました。私も参加しましたが、板井先生のはまり方は尋常ではありませんでした。両方の裁判で共同代表を務め、全国の動きにも目を配っていました。いつしか、私は置いてけぼりとなりました。

板井先生は、高校時代から沖縄人民党の瀬長亀次郎さんを慕っており、彼のように生きたいと考えていたのでは、と思います。彼が沖縄の地で沖縄に貢献できる仕事をさせてあげたいと思っていましたが、沖縄は、今や、全国の問題であり、私たちが、なんとしても辺野古の新基地を止めなければならないと考えています。そしてそれこそが、板井弁護士に対する最大の供養になると思います。

牛島税理士訴訟勝訴の旗を出す加藤の後方に板井優弁護士

板井先生は、私の心からの同志でありました。長年にわたる厚誼に厚く感謝し、ともに働き続けることができたことを改めて、感謝いたします。

関連書籍

水俣病弁護団の雰囲気を変えた板井さん

村山　光信

水俣病一次訴訟では認定患者が原告となり、チッソの責任が認められました。二次訴訟では未認定患者が原告となり、不当な認定基準を批判しました。二次訴訟熊本地裁判決で未認定患者が患者と認められても国が基準を変更しようとしなかったので、被害者の会、弁護団は国の責任を問うべきだとして三次訴訟を提起しました。板井さんが水俣病弁護団に加入したのはその二次訴訟の熊本地裁判決の直後でした。

板井さんは弁護団の機関車として頑張りました。いちばん重要な国の責任を担当して主張、立証に努力し、１９８７年７月１日の弁護団会議で事務局長となり、弁護団の中心となって様々な活動をしました。板井さんは、折にふれ、経過を報告し、現状を分析し、課題を指摘し、行動提起をする的確な文書を作成、配布していました。忙しいのによくできたことだと思います。

一次訴訟で馬奈木さんが水俣現地に事務所を構えていたように、弁護士が水俣現地に事務所を置いて運動をすすめる必要があるとして、板井さんは自ら水俣に事務所を移転しました。それまでの拠点を動かすことだけでも大変なのに、対立当事者の代理人となって嫌がられることのないように一般事件を制限する等いろいろ制約があり、精神的にも経済的にもとても大変だったと思います。それでも地域の様々な人と広く交流して運動を広げていきました。板井さんの活動がなければ、運動はあまり広がらず、多くの人の理解と協力を得ることはむずかしかったと思います。

僕が以前参加していたスモン弁護団では、活発で緊張感にみち、ときに口角泡を飛ばした議論をしていましたが、水俣病弁護団では、困難な状況にあっても、穏やかな雰囲気に包まれていて、冗談も聞かれました。

しかし、板井さんが参加してしばらくたってからは雰囲気が変わりました。

板井さんはふだん朗らかで、仲間に気をつかい、立場のちがう人の懐にもとびこんでいける人でしたが、熱心さとその裏返しの焦燥感からきたのでしょうか、とくに事務局次長のころの板井さんはきびしい口調で議論をしたり、時には仲間の弁護士、ことに同じ事務所にいた弁護士に対して遠慮ない意見を言ったりしました。事務局長になって、まとめる立場になってからはあまりなくなりましたが、それでも時にはきびしいことを言っていました。

板井さんが歌のうまいことはみな知っていることと思いますが、

水俣現地で裁判官の前で患者を診察する医師を見守る板井優弁護士

以前はそれほどうまいとは思いませんでした。竹中さんが事務局長、僕と板井さんが事務局次長という時期があり、よく行動を共にしました。3人で上京して竹中さんの実家に泊めてもらったとき、何の曲だったか覚えていませんが、板井さんが歌を歌いました。自分は歌うのはうまくありませんが、板井さんの音程が少しずれているのはわかりましたので、それを指摘したところ、板井さんは歌い直して練習していました。

弁護団は兵站を重視していて、千場団長を先頭に会議のはじまる前に出前を注文し、会議中に食べることがほとんどでした。そのため会議終了後、食事に行くことはあまりありませんでしたが、よく一緒に飲みに行きました。伊勢半が板井さんの行きつけの店で、僕の好きな香露の大吟醸が置いてありましたので、よく付き合いました。飲んで、他愛もない話もいっぱいしましたが、訴訟の進め方、運動のあり方等も遠慮なく意見交換し、その後の会議で議論し直したりしました。伊勢半だったか僕の行きつけの店だったか、板井さんは谷村新司の「昴」や因幡晃の「わかって下さい」をよく歌っていました。声量豊かに、情緒たっぷりの歌い方でした。

法律学者との協議にはほとんどの弁護士が参加しましたが、僕

福岡高裁の水俣病和解所見を報告する板井優弁護士

の担当した医学者、病理学者などとの協議は、よく板井さんと一緒にしました。他の弁護団の担当者と一緒のこともありましたが、鹿児島には何回も行きました。退官した病理学者の研究所に一緒に行って、軍医として乗り組んでいたという戦艦武蔵の写真をきっかけに戦時中の話に興じたことがあります。僕はよくわからないのに、板井さんが担当する水銀分析の研究者との打合せに付き合ったこともあります。眼科の先生との打合せに一緒に盛岡に行ったこともあります。帰るとき、新幹線に乗る前に駅前でわんこそばを食べました。板井さんもがんばりましたが、早食い、大食いだった僕が差をつけて100何杯か食べたときに新幹線の時間が来て、胃袋にはまだ余裕があったのに、慌てて駅に向かったことがあります。板井さんは自分の担当分野で外部の専門家と打ち合わせなどするのはもとより、他の弁護士の担当する分野についても一緒に打ち合わせなどしていましたから、とても多忙で、大変だったろうと思います。

弁護団合宿のときみんなで涌蓋山に登ったことがありますが、お酒に付き合うだけでなく、健康のために僕の好きな山歩きに誘っておけばよかったと反省しています。

関連書籍

「広田さんが立派な弁護士になることは私が保証します」

広田　次男

今生の別れ

２０１８年10月の愛知での自由法曹団総会の2日目、私は１人会場を抜け出して熊本に向かいました。かねてより「板井先生（私と2人の時は常に「板井」「広田」だったので潜越ではありますが、以下「板井」とさせていただきます）の病勢が相当悪い」と聞き及んでいました。「生きているうちに板井の顔を見ておかなければ、今後生きている限り後悔の種になるに違いない」と思えたからです。

熊本駅前のホテルで待ち合わせましたが、電話での説明が要領を得ず、何回も架け直して集合場所を確認せざるを得ませんでした。ようやく落ち合えたホテルのロビーに座った板井の容貌は、私が慣れ親しんだ板井とは全く異なっていました。スッカリ痩せて声も弱々しく、言葉もユックリでした。

2時間余りも話をしていると、話題は尽きないにも拘わらず疲れた様子が手に取るように分かる状況でした。帰りの飛行機まで未だ時間はありましたが、私は板井の手を取って駅前のタクシー乗り場までユックリ歩きました。「今生の別れ」の想いでした。

板井との出会い

「東大斗争」は東大生だけのものではありませんでした。早大などの私立大学、その他の地方大学の学生も参加、関連してその過程で自らの生き方を模索した場でした。私は早大、板井は熊大でした。各々卒業後の生き方として弁護士を目指しました。東大斗争に参加した活動家が大学毎に司法試験のための勉強会を作り、連携を図りました。

私と板井とは、その連携のなかで知り合い、同じ31期として合格しました。31期約500名の修習生は学園紛争の活動家が相当数いたこともあり、青法協120名、反法連（反戦法律家連盟・今は影も形もない）60名といわれ、修習生活動は活発であり、私も板井も青法協活動の中心に居ました。

当時から修習生の落第制度は習慣化しており、活動家の何人かが引っかけられるとされていました。誠に運悪く私がその1人に引っかかってしまいました。

私は早大を卒業する時に両親に手をついて「二度と学生運動のようなことには手を出さない。

勉強に専念するから暫く就職しないでいることを大目に見て欲しい」とお願いした経過がありました。

修習中に結婚した妻は、某保守系国会議員の血族でした。私は結婚を約束する直前に妻には自らの党派性を告白していましたが、私と結婚したい一心であった妻は、自分の両親にも私の告白を知らせませんでした。

そこに降って湧いた私の落第でした。私の親族も、妻の親族も大騒ぎになりました。妻の親族が某保守系議員の部下であった現役議員に問い合わせたところ「私の身許」は簡単に割れました。このことが騒ぎを増々大きくし、親族会議開催の運びとなってしまいました。

私は仲間に事の次第を説明したところ、板井が「俺が友人代表として親族会議に出席してやる」ということになりました。

親族会議

親族会議には私と板井の2人が出席し、私の親族からは、私の将来に対する様々な不安が語られました。一通り親族に喋らせてから、板井が口を開き「落第が（当時の）研修所の修習生抑圧政策の一環であり、弁護士の資質とは無縁である」ことを説明した後に、殺し文句は「広田さんが立派な弁護士になることは私が保証します」でした。

初対面の私の親族一同を目の前にして、鮮やかに言い切りました。勿論、根拠を示すこともなく、保証の効果をアテにできないのは当たり前なのですが、その断言が余りにも堂々としていたため、反論も質問もなく親族会議は無事終了となりました。

当時から板井は恰幅が良く、貫禄があったので、殺し文句は正に決まっていました。

飲み仲間として

その後、2カ月を経て（当時の落第は2カ月の「卒業延期」でした）、無事弁護士となった私は、様々な所で板井と会い、一緒に酒を飲みました。

親族会議での言動からすると、板井は私の保証人ということになるのですが、そんな自覚は全くないらしく、大酒を散々に飲み、時には深夜に及んでも飲み続けることも何回もありました。2人とも酒には滅法強かったのです。

団の集会、公害総行動等で顔を合わせるのは勿論、ダム建設反対等、取り組む課題が共通することもありました。

脱原発のたたかい

私の事務所は、大事故になった福島第一原発に最も近い場所にある法律事務所です。事故の年の自由法曹団の5月集会は松江で開催されました。この時に、私の顔を見た板井は「広田、もう一戦だなぁ」と言うのです。私は「板井よ、俺はもう学生時代から、コレまでの人生で充分に斗ってきたと思うンだがなぁ」と思わず愚痴をこぼすような恰好になりました。すると、板井は「それは神様が、広田に『もう一戦』と言うとるんじゃから、素直に受けて立て」との趣旨を言って、背中のあたりをボンボンと叩いたのです。そのせいばかりではありませんが、私は、その後の自らの人生を「原発余生」と称して、原発裁判に全力投球してきました。

弁護士として最後に会ったのは、2018年3月の福島地裁いわき支部での原発被害原告団第一陣判決の言い渡し日でした。既に体調を崩していたにも拘わらず、遠くいわき市まで駆け付けて、私の事務所の隣の神社で行われた判決報告集会に参加してくれました。この時には、私は忙しさに紛れて板井とは言葉を交わすこともできませんでした。この時の想いが冒頭の熊本行きに繋がった訳です。

決意を新たに

改めて親族会議での板井の保証文言を胸に、私が生きている限り履行のための努力をし続けなければならないと決意を新たにしているところです。

関連書籍

和服で仕事始めの板井優弁護士

傑出した熱量と気遣い

三藤　省三

板井先生、西先生

２０２０年２月板井優弁護士が亡くなられ、あとを追うように同年３月西清次郎弁護士が亡くなられました。私も水俣病訴訟弁護団の一員であり、弁護団事務局長の板井先生のもと、西先生と私が事務局次長をしていたこともあり、両先生のご逝去は、私にとっても一時代の終わりを告げる出来事となりました。すでに弁護団長の千場茂勝先生や副団長の竹中敏彦先生も他界されており、水俣病弁護団の思い出がどんどん遠ざかっていくような思いもしています。

水俣病訴訟弁護団へ

私が水俣病訴訟弁護団に加入したのは、１９８２年１月のことです。前年４月に修習同期の西先生とともに熊本県弁護士会に入会して弁護士になりました。西先生は、水俣病裁判を手がけている熊本共同法律事務所に入られましたので、すぐに弁護団に入っておられます。私は、衛藤法律事務所でイソ弁（勤務弁護士）として働くことになりましたので、弁護団加入が少し遅れています。何かの機会に千場先生から「君も入らないか」と声を掛けられ、ボス弁である衛藤弁護士の了解を得て、水俣病の弁護団に加わることになったものです。弁護団に誘われるまでは、恥ずかしながら、水俣病の問題はもう解決しているのではないかと思っていました。

水俣病の裁判は、高校1年生のころ、一次訴訟の斎藤次郎裁判長の娘さんが同じクラスにいて、訴訟のことが新聞やテレビでも大きく取り上げられていましたので、気にはなっていました。しかし、高校を卒業して熊本を離れ、弁護士として帰ってくるまで10年ほど経っていましたので、水俣病の問題はもう終わっているものと思っていました。

ところが、熊本に帰って弁護団とかかわりをもつようになって、水俣病の被害の深刻さと多くの被害者が放置あるいは切り捨てられている実態を間近に目にすることになります。今思い返しますと、水俣病弁護団に入った時点では、被害の深刻さ等はまだそれほど見えていませんでした。それでも、弁護団に加わろうと思ったのは、水俣病問題は地元熊本のことであるにもかかわらず、解決のために多くの県外出身の弁護士が頑張っている姿をみてのことです。沖縄出身の板井先生だけでなく、竹中敏彦先生、松本津紀雄先生、加藤修先生等の中心メンバーは、出身地でもないのに水俣病訴訟にかかわるため熊本で弁護士をしていました。

地元出身の弁護士として少しでも手助けになればとの思いから弁護団に加わりましたが、弁護団での会議や訴訟活動等に加わっていますと、個性豊かな各弁護士の知識や経験を直に学ぶことができ、弁護士としての自らのスキルアップにもつながりました。とりわけ熱血弁護士の板井先生は、おとなし目の私にとっては常に刺激のある存在でもありました。

傑出した熱量

三次訴訟の弁護団は、各弁護士を責任論、病像論、損害論に担当分けをし、また、原告患者の担当を地区ごとに割り振っていました。私は、加藤先生とともに損害論を、板井先生、西先生とともに御所浦町嵐口の原告患者をそれぞれ担当していました。責任論、病像論は学究肌の弁護士に、損害論はそれ以外の弁護士（加藤先生、すみません）といったところでしょうか。担当地区の御所浦町嵐口には板井先生と西先生と何度も通いましたが、原告患者方に泊まったとき、深夜痛みをこらえている姿に接し、被害の深刻さ

国の責任を裁いた水俣病第三次訴訟判決

を実感するといったこともありました。損害論を主張するにあたっても、このような経験は、現場の被害の実態を訴えるうえで、とても参考になりました。

板井先生は、数多くの集団訴訟や住民訴訟にかかわっておられます。ですが私がご一緒した事件は、水俣病訴訟だけです。水俣病の裁判は、いうまでもなく法廷活動にとどまらず、支援者や政治家への働きかけ、チッソや国・県との交渉等運動面を含めた広汎な活動が求められます。そのために弁護士も大変な労力・エネルギーを要することになります。板井先生は、いつも水俣病にかかわる活動に率先して取組み、ひるむことなく立ち向かっておられました。近くにいて、その熱量には、いつも頭が下がる思いでした。

板井先生は、熱血・情熱の人である反面、名前のとおり、周りの人には気遣いを怠らない心優しい人でもありました。訴訟や運動のあり方について、時として激することはあっても、あとに尾を引くようなことは、余りなかったと思います。私などは、期待されていなかったのかもしれませんが、板井先生から一度として怒られたことがありません。また、板井先生は、外見に似合わず、几帳面な性格でした。会議中でも、原稿書きをし、記録を残すことを心がけておられました。ワープロやパソコンを使う前は、定規を添えて書いており、手書きの文字は、学生時代のガリ版刷りの名残か、カクカクとした独特の字体でした。

飲み仲間として

私と水俣病訴訟とのかかわりは、いわゆる政府解決案にもとづき1995年5月にチッソとの間の協定書の締結により、一応終息を迎えました。しかし、板井先生との付き合いがとぎれることはなく、弁護士どうしの会合等で顔を合わせるときには、その流れで飲みに誘われることがよくありました。行き先は板井先生のなじみの店であり、伊勢半や塩梅屋、カリガリといったお店です。自宅が同じ方向でしたので、タクシーで帰るのですが、まっすぐに帰らず、途中の水前寺や出水ふれあい通りで降りてまた飲み直すということもありました。

板井先生が大病を患われたあと再び飲めるようになって、2人で遅くまで飲んでいたことがあります。そのとき板井先生の携帯に八重子先生から連絡があり、早く帰るよう撤収命令が下されました。私なら妻に言われれば、一も二もなく帰るところですが、板井先生はブツブツつぶやきながらしばらく飲み続けていました。そばにいた私が帰宅を促すこともできず、八重子先生には申し訳ないと思ったほどです。

宣伝カーの上で声明を読む三藤とハンドマイクを持つ塩田直司

板井先生のことを思い起こすと、どうしてもお酒の話になってしまいます。板井先生の弁護士としての活動、功績は、至るところで発信されていますので、お許し願いたいと思います。西先生もお酒が好きでしたので、今ごろ天上界で２人して杯をかわしあっているかもしれません。板井先生は、「月の法善寺横丁」を、西先生は「石狩挽歌」を歌いながら。合掌。

関連書籍

一流の寝業師

吉井　秀広

板井優先生の卓越した音頭取りと鶴の一声

先生の依頼された原稿の集約力、人を動かす力のダイナミックさ。笛を吹けばすべての人が踊り出す。笛を吹いてもなかなか動かない集団において、先生が笛を吹くと一斉に動き出す。その動き出す理由は、なにを置いても先生の気迫と先生に対する信頼度であったと思います。まさに鶴の一声でした。ただ残念なのは晩年は鶴の一声になりませんでした。先生の気迫が薄れていったのかもしれません。

板井優先生流の人の立て方

物事や事件に自らそれほど係わっていないと思っていても、先生は当該事件等に名前を掲げて下さる配慮がありました。そのことが後日で記録として残ります。すべての人に陽があたるような配慮でした。

一つのことを成し遂げるには、表だって動いている人の他に陰になって動いている人たちがいます。その人達に光があたるような配慮でした。先生のお言葉である「一人の千歩」より「千人の一歩」の実証の一つだと思います。

記録に残す

先生は、記録として残すことの重要性を常に指摘されていました。

何を残すかは、個人の問題ではなく、後日闘いの実証的なものとして、極めて重要な資料となるものだと思います。

故福田政雄先生古稀記念出版の『肥後のあじさい』もその一つであり、先生が音頭を取って出版に漕ぎ着けたと仄聞しています。また、先生自ら執筆された『裁判を住民とともに』も記録して残すという実証の一つだと思います。

熊本日日新聞に連載された「私を語る」に加筆し出版

板井優先生の口癖

その1　先生は、「深く考えない」をよく言われていたように思います。しかし、その実、先生は、先の先まで考えていたと思います。

例えば、川辺川訴訟でダム建設をあきらめたと思っていた熊本県が新たに治水のためとして、今回再びダム建設を持ち出してきたことは、すでに、先生はお見通しだったと思います。

「深く考えない」の趣旨は先のことは分からないものだから、あれこれと神経質にならないことであると思います。しかし、先を見通して、闘いのための戦術を練ることは別問題だと思います。

その2　板井優先生の「要するに」

先生の議論は禅問答的なところがあり、必ずしも明確な答えが返ってくるわけではありませんでしたが、「要するに」で、考え方の筋道が理解できたように思います。

しかし、禅問答においては、回答は一つでなく、色々あり、その回答はそれぞれ各人の頭の中にあると思います。

先生との議論は、結語としての「要するに」が一体何が要するに

応接室にて左から加藤、吉井、板井優弁護士

か、単純には理解できないところがありました。いわば、禅問答みたいなところがあって、端的な回答がなくて、自分の頭で考えさせるようなものでした。しかし、振り返ってみると実は、答えが隠されていたと思います。

板井優先生の存在

板井先生は、素面のときは、非常にいかめしく、およそ近づき難い雰囲気でした。先生が事務所にいれば、ピリピリした緊張感が漂っており、先生は、事務所内を走り回ると言った状況で、へたに先生に声をかければ怒られるような雰囲気でした。また、裁判所で代理人席に座ると、それだけで相手方を威圧するような存在感があり、また、反対尋問は、まさに容赦なく相手をたたきつぶすといった雰囲気で迫力がありました。

ところがアルコールが入ると雰囲気ががらりと変わり、気さくになんでも話せる状態となるのでした。それでもって、先生には酒を飲ませておけばと思ってもおりましたが、先生の急逝は、お酒の飲み過ぎで、いわば皮肉な結果になったように思います。

板井優先生の訴訟戦略について

先生の訴訟戦略としては、根回し（証拠資料の収集）が必要なものは徹底した根回しをした上で、裁判を闘っていくというものであったように思います。証拠資料獲得のためには時間や労力を惜しまない。水俣病訴訟や川辺川訴訟はその例だと思います。

すでに亡くなられた水俣病訴訟の弁護団長であった千場茂勝先生が、先生に関し、「一流の寝業師」と言われていたことが印象に残っています。

例えて言えば、柔道でいう一本背負いと言ったきれいな立ち技でなく、時間をかけて、寝技で、相手を攻め落とす戦法というべきでしょうか。

先生を寝業師と感じさせる事案の一つがありました。先生が水俣病訴訟のために水俣に事務所を構えるため、中央事務所に事件を残されて、私が引き継いだ事件がありましたが、解決に至らず、板井先生が水俣から帰ってこられて、その事件を解決されました。さすが故千場茂勝先生の話されていた一流の寝業師だと痛感したのでした。

事務所旅行、右から吉井、加藤、板井優弁護士

心に残ることば

森　雅美

板井先生が亡くなられて1年が過ぎました。私が初めて先生にお会いしたのは、１９８６年7月ですから、35年という時間が過ぎたことになります。修習地の熊本で、確か熊本県弁護士会の先生方による修習生の歓迎会をしていただいた時だったと記憶します。先生に修習生2、３人が2次会に連れていっていただきました。先生が水俣病訴訟の中心的な先生と知っていましたので、その点のお話をいろいろお聞きしたと思うのですが、私のその時の記憶は連れて行っていただいた店の馬刺しがとてもおいしかったこと、先生はお酒が大好きだということでした。

１９８８年4月、私は鹿児島で弁護士を始めました。しばらくは、ほとんど先生とお会いすることはなかったのですが、全国トンネルじん肺の鹿児島弁護団に入り、事務局長として全国弁護団の会議に出席することになり、頻繁にお会いするようになりました。

その後、原爆症認定訴訟、クレサラ運動の会議などでもよくお会いしました。会議において、先生はよく発言され、その発言における視野の広さ、理論の緻密さに感心するとともに、運動を引っ張っていかれる指導力に感心していました。

特に2012年、福島第一原発事故の後、川内原発と玄海原発の差し止め訴訟を提起してからは一層頻繁にお会いするようになりました。

先生は福島第一原発事故の被害の甚大さを前にして、原発の廃炉を求める市民の結集を呼びかけ、原発稼働の差し止め訴訟をしようと考えた弁護士の中心的メンバーでした。1万人以上の市民の参加による訴訟を提起し、原発廃炉を求める大きな運動を考え出されたのです。私も原爆症認定訴訟等を通じて、核の恐ろしさ、損害の甚大さ（人的広がり、時間的長さ）を認識していましたので、弁護団に参加しました。先生は、玄海訴訟、川内訴訟双方の共同代表につかれ、私は川内訴訟の共同代表となりました。先生の存在は大きく、私には先生がおられることによる安心感がありました。原告団の集会においての先生の話は思いもかけない視点からの発想があり、なるほどとうなずくことが度々でした。板井先生の考えられたとおり玄海訴訟の原告は1万人を超え、川内訴訟でも3千人を超えました。訴訟の枠ではなく、社会全体に視点を広げ解決を図ろうという先生の思いが多くの市民に伝わった成果だと思います。

先生はよく、原発訴訟のような訴訟では、判決を批判ばかりしていてはだめだ、こちらの土俵で裁判官が被害者を向いた勇気ある

原発なくそう！九州川内訴訟、真ん中が森

判決を書けるようにこちらがおぜん立てをしなければならないんだ、といわれていました。その通りですが、なかなか難しいことです。水俣病訴訟等多くの厳しい裁判で勝利を勝ち取ってこられた先生ならではの言葉だと心に残っています。

あれは、先生が病気になられる2年ほど前だったと思います。熊本での会議の後に、先生から飲みに行こうと声をかけられ、先生の行きつけの居酒屋で2人だけで飲んだことがあります。2人だけで飲んだのは後にも先にもこの時だけでした。先生はこの日かなり酔っておられました。そこで「森さん。(原発訴訟では)俺はあんたを支えるからな」と何度も言われました。私を元気づけると同時に、原発稼働は何としても停止しなければという熱い思いが伝わってきました。その強い後ろ盾を失ってしまったという思いがますます強くなります。

極めて個人的な思いですが、一つ残念なことがあります。電車の中などで先生が囲碁の本を読んでおられる姿を見かけることがよくありました。一度先生と碁石を並べてみたいと思いながら、声をかける機会もなく、逝ってしまわれました。仕事を離れゆっくりと先生と碁を楽しんでみたいという思いは断ち切られてしまいました。

パレードの先頭を歩く板井優弁護士

いろいろな訴訟で大きな足跡を残されたとはいえ、まだまだ多くのことが心残りだったことでしょう。先生のやり残された空白を少しでも埋めていくのが残ったものの務めだと思っています。

先生、ありがとうございました。

関連書籍

たぐいまれな能力と情熱〜川辺川・石炭じん肺

原　啓章

『裁判を住民とともに』

この原稿を書くにあたって、改めて、板井優先生（いつも板井先生と呼んでいたので、以下、「板井先生」といいます）の著作である『裁判を住民とともに』（熊本日日新聞社発行）を手に取りました。

この書籍にはＣＤが附属しています。板井先生が２０１１年12月９日に母校の首里高校で、同校創立１３１周年記念講演として講演した内容が収録されています。

このＣＤを聞いてみました。板井先生が62歳の時の講演でありました。聞き慣れた板井先生の溌溂とした肉声が収められており、大変懐かしく感じるとともに、板井先生が亡くなられたことがいまだに信じられない気持ちになりました。

「後輩に伝えたいこと」

板井先生は、このCDの中で、「ヤナワラバー弁護士が後輩に伝えたいこと」という演目で、後輩の高校生に対して、板井先生が関わってきた裁判のことについて優しく語っておられました。

板井先生は、生の事実（被害の実態）を明らかにして、この生の事実（被害の実態）を裁判所に伝えることが何より大切であることを強調されていました。

板井先生によると、裁判を提起する前に学者に相談に行くと、全ての学者が「この裁判は負けます」と断言していたそうです。板井先生は、被害者から信頼を得るための人間関係を作り、信頼を得たうえで、被害者の真の気持ちを聞き取り、このような聴き取りをまとめて、被害の実態を明らかにし、この被害の実態を裁判所に迫真性をもって提出し、難しい裁判を勝訴に導いてこられました。

言葉にすれば簡単なようですが、板井先生の業績は、板井先生の類稀な能力と熱い情熱なしには決して果たしえなかったことは明らかであり、板井先生が唯一無二の弁護士であったことは、一緒に裁判に関わった弁護士や関係者であれば、誰もが認めるところでありました。

私は、右記の書籍に紹介されている事件の中では、主として、川辺川ダム問題と天草石炭じん肺労災問題で、板井先生と関わらせていただきました。

川辺川ダム問題

川辺川問題では、2003年5月16日に福岡高等裁判所が、川辺川利水事業について、土地改良法が要求する対象農家の3分の2以上の同意がないとして国営利水事業を取り消す画期的な判決を下しました。

この勝訴判決を獲得するために、弁護団は、「アタック2001」と題して、関係農民約2000人を対象とする訪問調査を実施しました。私も、何度も、現地に足を運び、訪問調査を行いました。同意取得の実態を明らかにするこのような地道な活動が、遂に裁判所を動かし、勝訴判決に至りました。まさに、板井先生の理念が現実化した裁判でありました。

この裁判は確定しましたが、その後も、新利水計画を策定する必要があり、事前協議が熊本県庁で多数回にわたって開催されました。この協議について、板井先生は、『裁判を住民とともに』の215頁で、「事前協議は、熊本県庁においてほぼ週1回ペースで夜7時から深夜にわたって行われるのが通例で、原告団は昼間の農作業を終えてから片道2時間かけて参加します。原告団・弁護団がいつ脱落するか、がダム推進派の関心の的でした」と書いておられます。私も、板井先生や森先生とともに、何度も、この事前協議に参加しましたが、板井先生は、裁判と同様、あるいは、それ以上に精力的に発言されておられたことを今でもはっきりと記憶しています。

石炭じん肺労災

天草石炭じん肺労災問題では、板井先生が弁護団長を務められ、私が事務局長を務めました。板井先生は、『裁判を住民とともに』の315頁以下でこの問題について記述されています。

天草の炭鉱でじん肺にり患した原告らは、2005年4月27日、熊本地方裁判所に対し、国を相手とする西日本石炭じん肺訴訟を提起しました。

2005年5月7日及び8日、弁護団は、板井先生の発案で、現地視察を実施し、今は廃坑となっている天草の炭鉱の調査を実施しました。

この裁判は、2007年10月23日、最終的な和解が成立し、合計54名の原告らの被害救済を果たすことができました。

この裁判においても、被害の実態を明らかにして裁判所に伝えるという板井先生の理念が、早期和解解決を大いに促進したと実感しました。

この裁判については、板井先生の発案で、『天草炭鉱・石炭じん肺の闘い』（2009年3月28日刊、花伝社）という書籍が刊

九州じん肺弁護団合宿、前列中央が板井優弁護士

行されました。改めてこの書籍を手にし、懐かしく当時を思い出すとともに、その後の類似裁判の参考とすることまで視野に入れていた板井先生の見識についても再確認致しました。

関連書籍

飲食をともに

厳しい裁判を一緒に戦う合間に、板井先生と飲食を共にできたことも忘れられない思い出です。板井先生は、いつも、飾らない態度で、明るく、分け隔てなく周りを楽しくさせておられました。また、過去に戦ってきた裁判のことなども色々と教えていただきました。いつも気持ちよく過ごしていたことを今でも記憶しています。

もう一度、板井先生と一緒に飲食を共にさせていただきたかったという思いがふと湧き上がってくることが今でもあります。

現在進行形の諸問題

現在も、川辺川問題やじん肺問題その他の問題の多くが現在進行形の様相を呈しています。板井先生が存命でおられたら、これらの問題について、先頭に立って積極的にかかわり、私たちに明確な道筋を示しておられたであろうと思うと、大変残念でなりません。

板井先生から受けた数々の薫陶を胸に、私も、微力ながら、引き続き、先生と一緒に関わらせていただいた諸問題の解決に当たっていきたいと考えています。

本当にありがとうございました。

関連書籍

板井先生との思い出

田中真由美

板井優先生とのお付き合いは、私が平成12年に弁護士登録して、熊本中央法律事務所に入所してからのことになります。それまで、受験時代から、夫である内川寛弁護士から水俣病訴訟、ハンセン病訴訟の経過について話を聞いたり、裁判傍聴をしたりしていましたが、訴訟において中心的な存在の方であるということでした。内川から、是非、尊敬する板井優先生のもとで弁護士の仕事の仕方を学ばせてもらった方がよいと絶賛の助言を受けて、板井先生が所長を務めておられる事務所に入所させていただきました。

入所してから、法律相談、受任、事件対応、集団訴訟まで板井先生のそばで一緒に行動させてもらいました。今考えると、超人的な忙しさの板井先生が私のために時間を割いてくださるのは、大変なご苦労、ご面倒だったことと思います。でもそのおかげで、先生から弁護士としての仕事の仕方、事件や依頼者、相手方との関わり方というイロハから、紛争を解決するのだという熱意と迫力まで、徹底的に学ばせていただきました。入所後半年くらい経過すると、あまり相手にしてもらえなくなりましたが（笑）。私の仕事に対する姿勢の基本は、板井先生から教えていただきました。

本当に感謝しています。

板井先生は数々の人権問題を解決する要となってこられた方で、後輩弁護士にとってはとても偉大な存在です。とはいえ、同じ事務所で仕事をさせていただいた時期があった私にとっては、とてもさみしがり屋さんで偉ぶらないおちゃめな方でもありました。印象に残っているのは、共同受任した事件の依頼者と居酒屋で食事をしたときのことです。板井先生は、沖縄での幼少期の話をしてくれました。お祖母さんの家に泊まったときにお祖母さんがハブを料理されて夕飯に出された、いかにもおいしくなさそうでとても食べたくなかったけれども泣きながら食べた、弟は泣いて食べなかった、と笑いながら話してくれました。板井先生は、今はシーサーのような迫力ある風貌だけど、子どものころはどんな子どもだったのかな、でもハブのおかずは嫌だろうな、なんてリアルに想像しながら聞かせてもらいました。依頼者と一緒にびっくりしながらも笑わせてもらいました。自分を笑い飛ばして場を和ませてくれる人でした。

板井先生が亡くなられてから、私の中での先生の存在がいかに大きかったかを改めて認識しています。板井先生の信念は残された私たちの中に脈々と受け継がれています。

ハンセン病国賠訴訟で「和解勧告」の旗出しをする田中

板井先生はとてもお酒が好きで酒豪であることは、皆さんがご存じのことでしょう。肝臓の調子があまりよくなくても、好きな日本酒をおいしそうに飲まれていました。きっと天上で大好きなお酒をあびるほど飲んで、ガハハと豪快に笑っていらっしゃることと思います。先生が心おきなく飲めるように、私たちも人権課題に取り組んでいきたいと思います。

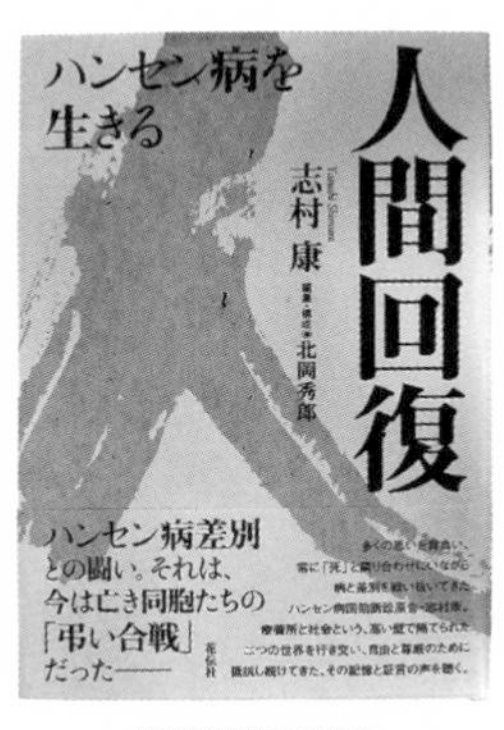

関連書籍

第3章　遺志を受け継ぐ

１００年先を見据えて～優先生の後継者対策

板井　俊介

私の人生を方向づけたある判決

板井優弁護士は、多くの人と団結しなければ、およそ闘えないような困難な闘いに、常に同時並行で直面してきました。弁護士として、その闘いのポイントを、できる限り早い段階で見抜き、その主張・立証のためにあらゆる見方で力を尽くすという「弁護士として能力」については、本書において他の先生方が書かれています。

現在、私は、父板井優弁護士と同じ事務所に属しています。私も住民とともに生きる決意です。その意味で、私自身も、優弁護士とともに闘う一員となりましたが、振り返ると、ある事件の判決を見せて頂いたことが大きなターニングポイントとなりました。それは、憲法学では著名な南九州税理士会訴訟最高裁判決でした。

１９９６年3月19日、南九州税理士会の会員であった牛島昭三税理士が、税理士会政治連盟に対する寄付のための特別会費の徴収を拒否して処分を受けたことから、その違法性を問うた訴訟の最高裁判決が下されました。

当時、私は、立命館大学法学部1年生で京都に住んでいましたが、優弁護士から「牛島税理士訴訟の最高裁判決があるからお前も来い」と東京に呼ばれました。この事件は、全国の法学部生の教科書である『憲法判例百選』にも載っている事件であったため、当時の私は興味を持ったのですが、そのことよりも、私にとっては、それまで得体の知れない「弁護士」業をしていた父が仕事をしている姿を初めて見る機会でした。東京までの旅費を持たない私は、祖母から送ってもらった「お米券」と「ビール券」を金券ショップで売って、東京行きの片道切符を購入しました。

なけなしの金で辿り着いた最高裁前には、熊本の弁護士のほか、馬奈木昭雄弁護士、椛島敏雅弁護士、浦田秀徳弁護士のほか、かつて自由法曹団団長を務められた松井繁明弁護士、同じく東京の上条貞夫弁護士らが集結していました。また、馬奈木昭雄先生の御子息（現在、「生業を返せ！福島原発被害者訴訟」事務局長を務める）学生の馬奈木嚴太郎さんともお会いして、学生ボケしていた私は刺激を受けました。

しかし、私が最も衝撃を受けたのは、最高裁前で牛島税理士は

原爆症集団認定訴訟で「勝訴」の旗出しは若手の役割であった

勿論のこと、支援者の方々が大挙して集まってビラ配りをしていたことでした。私は、この事件のことを詳しく知りませんでしたが、「自民党とは反対の意見の方々の運動」だろうという思いでは受け止めていました。先述のとおり、私は、京都から東京までの切符を買うことすらできませんでしたが、熊本や全国から、この裁判のために自腹を切って、自らの経済的利益を度外視して運動をする人々の存在を目の前にして、「私には、このようなことはできない。しかし、この人々の活動を軽んずることはできない」と痛感しました。それまでは、私にとっていわば他人事であった憲法や民主主義、少数者の人権、あるいは、それを求めて闘う人々の存在をどう受け止めるかを真剣に考えるきっかけとなりました。

この日は、多数の傍聴希望者がいたため抽選となった結果、私は、その抽選に漏れました。しかし、優弁護士は、私に手招きをして、私も傍聴席に入れてもらうこととなりました。そして、最高裁第三小法廷は、牛島税理士の請求を棄却した福岡高裁判決を破棄し、牛島税理士の主張を認める画期的な判決を言い渡したのです。それまで私の教科書や『判例百選』に載っていた事件の結論がひっくり返り、今後は、この判決が教科書に載るという瞬間を目の当たりにした私は、初めて父の仕事の意義深さを知りました。今後、我が国の法学部生は、この判決を当然の前提として学び、裁判官として法廷に立ち、弁護士として活動することになるのだ、憲法判例の一つ一つに多くの方々の人生が懸けられていたことを知らされました。

今振り返ると、優弁護士にとっても貴重で著名な憲法訴訟の最高裁逆転勝利の瞬間を、まだ法学部生であった私に見せつけ、憲法訴訟の重要さを実感させると同時に、まさに「千人の一歩」を地で行くスケールの大きな運動そのものを私に教え込もうとしたのだと感じています。無理にでも私を傍聴席に入れ込んだ采配は、優弁護士流の「後継者対策」であったと確信しています。

この日、私ごときのために傍聴席に入ることができなかった方のことを思い、私は現在でも、当事者のみならず支援者の方に対する尊敬の念を持ち続けて生きることができています。

1年目弁護士に重責を任せる

2004年10月に弁護士登録をした私は、優弁護士と同じ熊本中央法律事務所に入所しました。その直後、私は、優弁護士とともに、顔面蒼白で座る13名の労働者の方と面談しました。

2003年11月18日、熊本の秘湯黒川温泉の「アイレディース宮殿黒川温泉ホテル」（株式会社アイスター）が、元ハンセン病の患者の宿泊を拒否するという事件が起きました。この宿泊拒否事件は全国的にも大きく報道され、ハンセン病に対する根深い差別を激しく問題提起して大きな社会問題となり、アイスターは旅館業法違反に基づき刑事処分及び営業停止3日間の行政処分を受け、さらに宿泊拒否事件の「最大かつ最善」のお詫びと称して2004年5月、同ホテルを廃業するに至りました。

その際、アイスターは、不当にもホテル従業員37名中、地元熊本出身の従業員32名を解雇しましたが、そのうち訴訟を決意した13名の方と私が初めて面談したのがこの時でした。優弁護士は、登録後間もない私にこの事件を任せたのです。

この社会的事件を、弁護士1年目で担当できる喜びに勇んだ私は、文字通り全力を尽くして事件にぶち当たり、故西清次郎弁護士、寺内大介弁護士、中松洋樹弁護士、折井真人弁護士らとともに弁護団主任として奔走しました。その結果、未提訴者を含む21名に対して合計7000万円の支払いを得る勝訴和解で終了しました。優弁護士は若手を前面に立たせて奔走させ、闘いの成果を実感する機会を与えてくれました。

この事件でひと際記憶に残っているのは、和解が成立するその日に、我々への当てつけで、帯の付いた1000万円の束7つを現金で熊本地裁まで持参したアイスター代理人（松尾翼弁護士、東京）に対抗して、優弁護士は、肥後銀行京町支店から銀行員を熊本地裁503号法廷に呼びつけ、わざわざ7000枚の一万円札を全て数えさせたことです。侮辱的な態度には徹底的に抗する優弁護士の姿勢は、私の基本的な姿勢となっています。

裁判所を脅し三権分立を脅かす行政に吠えた優弁護士

優弁護士は、アイスター事件同様、弁護士登録直後の私を、原爆症認定訴訟の専門家証人の尋問担当者に指名しました。弁護団長であった優弁護士は、登録後2カ月目のハナタレである私に、矢ヶ崎克馬琉球大学教授（当時）に対する放射線の内部被曝に関する主尋問の担当を命じたのです。

矢ヶ崎先生には申し訳ないが、率直に言って私には余りに荷が重く、逃げ出したくなる心境で常に顔面蒼白という状況でした。が、この事件でも私は広島、長崎を飛び回り、2007年7月30日、熊本地裁は内部被曝問題を正面から認める画期的な原告勝訴判決を下しました。その前日、板井優、寺内大介、中島潤史弁護士らと行きつけの「伊勢半」で飲んでいた時、人生最初で最後の「旗出し」の経験をさせて頂くこととなった私は、オレンジの派手なネクタイを買いに行きました。まさにミーハーそのものでした。

原爆症認定集団訴訟については本書でも多くの先生が触れていますが、私がこの事件で優弁護士から教えられたのは、裁判官を予算問題で脅す国の暴言に対する優先生の怒りでした。

訴訟も終盤の法廷で、全国の裁判所で連戦連敗を続けた被告国は、「もしも、手帳を持つ被爆者が全て原爆症だと認定されれば、年間3000億円もの予算を要することになる」と発言しました。これは、「被爆者を勝たせることは莫大な予算を要することにつながる」という、裁判官に対する明らかな脅しでした。これに対し、優弁護士は直ちに立ち上がり、「誰が（被爆者手帳を持つ者が全員原爆症と認定されるような）そんなことを言った、何言ってるんだ！　ふざけるな！」と絶叫したのです。私は、優弁護士の「何言ってんだ！」の声の大きさに驚きましたが、強大な権力を持つ行政が、少数ながら被爆者の権利のために職を賭して踏ん張っている裁判官を予算（しかも机上の空論）で脅すことに、陰険かつ三権分立制度を破壊することを何とも思わないこの国の官僚に対する怒りであると感じ、大変感動しました。

優弁護士は、常々、「三権分立」制度を大変貴重なものと捉え、裁判所が良い判決を下すことに対し、「裁判所が役割をきっちり果たした」と評価してきました。理性的な制度の存在しない所では人権などあったものではないという優弁護士の「貴重な三権分立制度を守り抜く」信念を感じた瞬間でした。

住民訴訟に取り組む理由

高裁もない熊本にいながら、優弁護士は多くの信頼する仲間を作って連帯し、我が国を揺るがす水俣病訴訟、川辺川利水訴訟で勝訴するのみならず、文字通り、運動で押し込む闘いに邁進しました。とりわけ、川辺川利水訴訟は、誤解を恐れずに言えば、身体被害や差別等のような、いわば一般国民にも分かりやすい「被害」のない事件であったにもかかわらず、国土交通省の牙城を切り崩しました。これは我が国の歴史上のみならず、人類史上、誰も成し遂げえない成果であったと思います。私は、熊本において、これだけの闘いをする優弁護士に学びたいと思い、熊本で弁護士活動をする決意を固めました。

しかし、これだけの闘いを成し遂げたにもかかわらず、熊本では（松野信夫先生を除き）自民党勢力がほぼ１００％選挙に勝利し、それに抗う住民らは、さも異端であるかのような扱いを受けていると感じてきました。私は、「国を相手とする訴訟だけではなく、地元熊本で権力と闘う住民訴訟も両輪として闘うことが、僅かでも選挙結果につながるのではないか」と考え、熊本市政務調査費訴訟、御船町竹バイオマス住民訴訟といった住民訴訟にも取り組んできました。そこで私が重視したのも、優弁護士の言葉でした。

全面勝訴して議会の認識を変えた熊本市政務調査費訴訟

「日本本土では、あらゆる問題において、最終的に市民が勝った経験がない」

「だからこそ、日本本土において、実際に市民が勝った経験をする必要がある」

「そのような経験を積み重ねることでしか、市民の人権が真に保障されることはできない」

「日本本土で市民の人権が保障されることが、沖縄の権利を回復することにつながる」

これまでの優弁護士の闘いは、まさに「市民が最終的に勝つ」という経験を積み重ねる闘いであったことを痛感しています。

熊本市政務調査費訴訟では、裁判中に熊本市に条例を作らせ、当時の自民党熊本市議団長を辞任に追い込み、御船町竹バイオマス住民訴訟では当時の町長個人に1億円の賠償命令を勝ち取って選挙で落選に追い込み、町議会の政界再編も行いました。私なりに、市民が勝つ経験ができたと思っていますし、その経験をした市民を増やすことができたと思っていますが、常に「闘いはこれから」です。

優弁護士が目指した世の中の実現には、100年かかるかもしれません。しかし、その100年先を見通して、市民と団結して運動を作り、裁判を中心に据えて闘いつつ、同時に若い世代の後継者を作り、市民が主人公の社会を作る。

師の教えを最後まで実践することを、私はここに誓うものです。

御船町竹バイオマス住民訴訟では勝訴のみならず町長町議選挙でも勝利した

「勝つまでたたかうではなく勝つようにたたかうんだ」

紫藤　拓也

「熊本には帰って来るな」

先生との出会いは、私の司法修習時代に遡ります。大学の先輩である寺内大介弁護士を通じて熊本中央法律事務所を訪問させてもらったのは、２００２年です。当時、私は、馬奈木昭雄弁護士の久留米第一法律事務所で、弁護修習をしていたのですが、地元熊本に帰って弁護士をしようと思っていました。実際にお会いした際、法曹を目指した動機など特に持ち合わせていなかった私は、濟々黌出身の熊本人だということと、料理と魚釣りが趣味だということぐらいしか、お話しできなかったという記憶です。先生からは、水俣病のこと、川辺川ダムのこと、そして紛争の根本的な解決に向けた弁護士の役割について、教えてもらいました。たくさんご馳走になり、２軒目だったと思うのですが、酔いもかなり回った頃、先生は、「紫藤君、お前は熊本には戻って来るな」と言われました。話の詳細な流れまでは、もう覚えていないのですが、先生の助言も一つのきっかけになって、私は、熊本には戻らないと決めました。当時、諫早湾干拓事業が問題になっており、「よみがえれ！有明」訴訟が年内には提訴されるという時期でしたので、久留米第一法律事務所で弁護士人生をスタートさせるのが、私のためになると考えてくれたのだと思います。

「裁判所が行政を咎めるのは憲法上当然の責務」

2003年2月21日、「よみがえれ！有明訴訟」にて、先生の応援弁論を聞きました。その要旨は、川辺川利水訴訟と「よみがえれ！有明訴訟」には、共通の問題点があるとして、行政のいい加減かつ違法なやり方を咎めるのは、憲法上裁判所の当然の責務だと迫るものでした。先生の弁論の中では、「九州になくてはならない有明海、不知火海を絶対に死の海にさせてはならないというのが九州・沖縄の弁護士たちの総意なのです」という部分も、かっこよくてお気に入りなのですが、大切だと思ったのは憲法に言及された点でした。日常業務では憲法など使ったことがなく、使う必要性さえ感じていませんでしたので、なるほど憲法は具体的にはこう使うのかと得心したものです。

先生は、懇親会になると、「紫藤君、ちょっとこっちに来なさい」と言って、「この国の構造論」をさらに熱く語ってくれました。

先生の「この国の構造論」という視点は、その後の「よみがえれ！有明訴訟」の経過のなかで、岐路に立つ都度、弁護団の方針決定に影響してきています。先生の意見は、「この国の構造は、憲法上こうなっている」という点から始め、そこから弁護団として採るべき方針を導くという論法でした。一番印象に残っているのは、開門確定判決上の義務を国が履行しなかった時点で、弁護団として強制執行に踏み切るのか、という議論をしたときのことです。先生は、「この国の構造は、三権分立なんだから、裁判所の強制執行命令には、行政は従わざるを得ない」と確信をもって意見をされました。なにがしかの解決金で終結へと向かうべきという消極意見もある中、積極意見が弁護団の全体方針となっていくとき、先生の「この国の構造」論が影響してきたように思います。

「勝つようにたたかう」

先生と実際に事件をご一緒させていただいたのは、2012年1月に提訴した「原発なくそう！九州玄海訴訟」です。これは、福島の教訓に基づいて、原告1万人を目指す大型集団事件です。立ち上げ当初、熱意を持った弁護士が多数集まったのですが、誰が原告になれるのか、被告は電力会社だけでなく国も加えるのか、請求原因はどう構成するのかなど議論し、意見が割れてしまい、大変でした。

そのような中で、先生は、弁護団会議後の懇親会で、「紫藤君、ちょっとこっちに来なさい」と言って、「この国の構造論」を語ってくれました。よく覚えているのは、国の原子力政策から始まって、電力会社の株主構成、政治・経済界における電力会社の位置づけと続いて、「誰を相手にするか、覚悟できたか」という言葉が一つです。もう一つは、憲法上の意思決定権者が主権者だということから、「何をするかわかっとるか」という先生の言葉です。難問です。

そして、提訴と同じ年、『勝つまでたたかう』という馬奈木昭雄弁護士古希記念論文集が発行されたのですが、その後の弁護団懇親会で、いつものように「紫藤君、ちょっとこっちに来なさい」と言って、ビールを注いでくれた後、先生は、「勝つまでたたかうではなく、勝つようにたたかうんだ」と言われました。

その後、2015年頃から、私は、関与していた集団事件からしばらく身を引いてしまいました。しかし、2018年、「原発なくそう！九州玄海訴訟」の仮処分が認められずに終わり、「よみがえれ！有明訴訟」においても開門確定判決の執行力が漁業権消滅論によって奪われる事態になりました。私は、もう一度各弁護団に参加したいと思うようになって復活させてもらいました。

しかし、弁護団復活後、先生から「紫藤君、ちょっとこっちに来なさい」と言ってもらえていません。当たり前ですけど、先生は、玉砕覚悟でたたかい続けろと言っていたのではなく、弁護団内で、勝つようにたたかう策を出してほしいと言っていたのだと思っています。

先生から、今度「来なさい」って呼ばれたら、「先生、(勝つようにするには)こうした方がいいと思うんですけど」と対等な議論がしたいです。

バジルペースト

初めてお会いしたとき、「妻にイタ飯作るんですよ」と話したら、先生が、お土産にバジルペーストをくれたことを思い出しました。その後も何回か同じ製品をもらったので、自分でも買うようになり、我が家のバジルパスタの味は、先生のお土産の味になっています。

先生、これからも勝つようにたたかい続けますし、バジルペースト使い続けますね。

関連書籍

結果を出すために行動せよ！

高峰　真

私が初めて優先生（息子である板井俊介と修習同期で親友なので、「優先生」と表現させてもらいます）と出会ったのは、私が司法試験に合格する前、司法試験浪人をしながら、川辺川ダムの反対運動に少し関わっていたときでした。川辺川の現地調査の際、弁護士を目指しているということでご挨拶させてもらったのですが、「合格前からこういう場に参加して偉いな」と褒めてもらえるのではないかという私の期待をよそに、優先生からは「こんなところに来るより、さっさと合格しろ」と厳しい言葉をもらったことを覚えています。その時は、半分冗談くらいにしか受け止めていなかったのですが、今から思い返すと、優先生は、自己満足で行動するな、結果を出すために行動しろ、と言いたかったのではないかと思っています。

この「自己満足で行動するな、結果を出すために行動しろ」という優先生からの叱咤激励は、私が弁護士になってからも、ずっと続きました。私は、よみがえれ！有明訴訟やノーモア・ミナマタ訴訟で、優先生の教えを受けていましたが、有明でもミナマタでも、優先生は、解決するために本当に必要なことが何かを具体的に考え、その実現に向けて真剣に努力することを示してくれました。

特に印象に残っているのが、相手のことをよく知らなければいけない、ということです。私は、ついつい自分側の立場を中心にして目標に近づくための方策を考えてしまうのですが、優先生は、相手（有明の場合は農水省、ミナマタの場合は環境省）が今考えているのはどのようなことか、仮にこちらの要求に応じる場合にネックになるのは何か等を、様々な情報を分析して具体的に考えていました。何となく、こういう行動を取ったら相手も応じざるを得ないのではないか、と考えるのではなく、○○のこの発言はこういう意味だからそれに答えるような提案が必要だ、とか、こちらの要求に応じた場合に国は□□の予算をどのようにして出すかが問題になる、といった感じで、相手側の言動や状況を細かく分析して解決への道筋を考えていました。

また、優先生はそのために様々な方法で人脈を作って情報を取っていたようで、そのことが優先生の情報分析の基礎になっていたと思います。いつか、人脈づくりや、情報の取り方についてのコツやポイントをゆっくりお聞きしたいなあ、と思っていたのですが、その機会はなくなってしまいました…。ただ、普段の優先生の話から推測すると、きっと正解などなく、必要と考えられることをやれる限りやり、どこにでも出かけて会える人と会い、語り、飲み食いした結果なのではないかと思います。優先生に「人脈を作って情報を取るコツはなんですか」と聞いたら「楽しようとするな！　コツとか考える前にまず動かんか！」と怒られていた気がします。

私には優先生のような能力はありませんが、この「必要と考えられることをやれる限りやる」という精神は受け継いでいきたいと思います。優先生と出会った時から言われていた、自己満足で行動せず、結果を出すために行動することを心掛けたいと思います。

本当は、まだまだ優先生から叱咤激励を受けたいです。優先生とお酒を飲みながら、「もっと頑張れ！」と言われることが、私のモチベーションを上げる貴重な時間でした。優先生とお話しする機会がなくなってしまったことが本当に残念です。でも、心の中に残っている優先生の言葉を思い出しながら、板井俊介と共に、優先生の遺志を受け継いでいきたいと思います。

福岡の若手弁護士（左が髙峰）と交流する板井優弁護士（中央）

板井優先生の「説教」〜たたかっているか!?

中村　輝久

私は、主に石炭じん肺熊本訴訟、トンネルじん肺熊本訴訟で板井優先生と御一緒させていただきました。また、私がノーモア・ミナマタ訴訟の弁護団の一員として携わったことで、水俣病訴訟を長くけん引されてきた板井優先生と昼夜かかわらず多くの時間を御一緒させていただきました。やはり昼夜のうちどちらかといえば「夜」の想い出の方が印象深いので、夜の板井優先生の人となりをお話しさせていただこうと思います。

板井優先生は、お酒が入ると、「たたかっているかっ!?」と人差し指を顔の前に立てて話を聞いている若手弁護士に対して鼓舞していました。鼓舞や激励というよりも「説教」という方がイメージしやすいと思います。話を聞きながら、若手がたまに的を射た質問をしたときなどは、「おおっ!」と我が意を得たりというようなにやりとした表情を浮かべて喜んで持論を展開するのでした。持論を展開しながら「説教」が夜更けまで続いてしまうのでした。

「お前と俊介が解決ばせんかっ!」とは、私がノーモア・ミナマタ第1次訴訟の弁護団の一員としてたたかっているときのお言葉でした。もちろん、お酒を飲みながら夜更けの場面でした。板井俊介弁護士と私が同期の弁護士だから共に水俣病の解決に向かっていけ！という叱咤でした。またもや、叱咤というより「説教」でした。

東京の品川駅前のラーメン屋で板井優先生と二人きりでお酒を飲んだことがあります。

このときは、珍しく人差し指を振りかざすことなく、普段とは違う板井優先生の一面を見た気がしました。あのいかつい顔をしたいわゆる「闘士」ではない一面です。

弁護士である前に、ひとりの夫として、ひとりの父親として、どのように考えどのように生きてきたのか、ラーメン屋のカウンターでぽつりぽつりとお話しされました。奥様や子どもたちに対してたくさんの迷惑や苦労をかけてきたというお話もありました。私はいつもの「説教」ではないお話にある意味拍子抜けするとともに、他方でまるで名俳優が舞台裏の楽屋でリラックスして裏話をされているように感じ、「説教」のときより耳を傾けました。それでも、私はぽつりぽつりとメンマと餃子をつまむ手を休めなかったことは言うまでもありません。

弁護士として信念をもってたくさんの事件を先頭に立って引っ張ってこられ、そして、たくさんの結果を勝ち取ってこられた背景には、思い悩みながらも御家族の支えがあったことに対してとても感謝しておられることがよく伝わってきました。

このようなプライベートなお話を板井優先生からお聞きしたのははじめてでした。私がラーメン屋でラーメンを食べなかったこともはじめてでした。

私は、板井優先生の「一人の千歩より千人の一歩」という言葉がとても大好きです。とくに一騎当千の活躍をされてきた板井優先生こそがこの言葉を発することにとても大きな意味があると感じます。あのエネルギッシュな板井優先生ですので、1人で1000歩進むことは容易かったと思います。しかし、それだけでは事件を解決することができないという確信を身をもって感じられたのだと思います。そして、1000人全員に最初の1歩を踏み出させるには、とてつもなく大きなエネルギーが必要です。私も弁護士として集団訴訟に関わっていますが、1人で1000歩進むより1000人全員の1歩を導くことの大切さと困難さを身に染みて感じているところです。

私は、板井優先生の足跡のほんの一部にしか立ち会わせていただいていませんが、新聞の一面に載るような業績はもちろん、後進の弁護士に与えた影響の大きさは計り知れないものであることは間違いありません。あのこわもての顔で「説教」をする先生がときどき見せたニヤリとする表情が忘れられません。いま板井優先生に問われたら何と答えるだろうか、的を射た質問はすることができるだろうか、先生をにやりとさせることができるだろうか、いつも自問自答している自分がいます。

ノーモア・ミナマタ第1次訴訟での団結ガンバロー（右端が中村）

もうあの「説教」が聞けないと思うと、心から残念でなりません。

板井優先生が教えてくれたのは、ラーメン屋でラーメンを食べず瓶ビールで語り合う粋な飲み方だけではなかったことは言うまでもありません。

関連書籍

石木ダム事件と板井優先生

平山　博久

はじめに

石木ダム建設事業とは、長崎県を流れる川棚川の支流である石木川の合流点から約２km上流の長崎県東彼杵郡川棚町岩屋郷（こうばる地区）に石木ダムを建設するという計画です。

２０１３年9月の事業認定を受けて、２０１３年12月に石木ダム対策弁護団が結成され、板井優先生には弁護団結成当初から副団長として弁護団に参加していただきました。

板井優先生は、本事件に先立つ２００３年5月、川辺川利水訴訟における画期的な勝訴判決を獲得される等、ダム問題に深く関わってこられました。

石木ダム対策弁護団においても、ダム問題の争点形成・世論形成、事業者との戦い方等様々な点を教えて頂きました。

その活動にお礼を申し上げるとともに、この場をお借りして、私から見た板井優先生の姿を書かせて頂こうと思います。

闘う姿勢

板井優先生を見て強く印象に残っているのは、弁護団の先頭に立って、理論武装をして闘う姿勢です。

石木ダム事件では、起業者である長崎県や佐世保市に対して、質問状を送り、私たちの疑問に対して説明させる公開説明会を何度も開かせています。

毎回、多数の現地居住者や報道関係者も入るため、まさに毎回証人尋問をしているようなものです。もちろん裁判官はおりませんが、そこで心証を形成するのは出席者であり、ひいては国民の方々です。

その公開討論会の中で、板井優先生は常に弁護団の先頭に立って、力強く当事者を先導して下さいました。

地権者の反発をさけるためか、土地を強制収用するために事業認定申請をしたのではない、と理不尽な説明をする県の担当者に対して、

「事業認定は何のための手続なのか!!」

2014年7月、石木ダム問題で長崎県庁への申し入れで発言する板井優弁護士（右が平山）

「……」（答えに窮する担当者）

「土地を収用するための手続ではないのか!!」

と力強く迫る姿が強く記憶に残っています。

相手の理不尽な言い逃れを許さず、力強く追及し続ける板井優先生の姿勢に当事者だけでなく弁護団も勇気づけられました。

正義を実現するために

板井優先生からは、「力のある正義」という言葉を学びました。

その言葉は、正しいことを言っていれば闘いに勝つことができる、と思いながらも、どこかそのことに疑問を持ち続けていた私のモヤモヤを払拭する言葉でした。

自分が正義であるとして、正しいことを言い続けていても、当然には勝つことはできない。勝つためには、その正義を実現するだけの力が必要である。

そして、石木ダム事件では、様々な闘いを通じて、この問題や闘いの内容・成果をより多くの長崎県民・国民に知ってもらう必要があるし、多くの長崎県民・国民の中で石木ダムが話題とされなければならない。

そのような闘いを広げる中で、裁判所や収用委員会はおろか、地方・中央行政をも変え、起業者を包囲・孤立させて、不必要な石木ダム建設を中止させる、これが力のある正義だ、というものです。

今では、この考え方は、弁護団事件だけでなく、政治や社会問題その他多くの出来事に当てはまる正しい考え方だと思うようになりました。

全国を飛び回るバイタリティ

また、石木ダム対策弁護団をご一緒する中で、板井優先生のバイタリティの高さに心底驚きました。

石木ダム事件は、長崎県の事件ですから、こうばる地区の現地に行ったり、長崎県庁に行ったり、佐世保市水道局に行ったり、様々な場所の集会に行ったりと県内外色々な地域に行きます。

一時期、頻繁に現地入りしており、私自身、ほとんど事務所にいなかったり、事務所での通常業務ができずに困った時期もありました。

しかし、現地で板井優先生と会って話を伺うと、だいたい事務所がある熊本県ではなく、全国各地から別の弁護団活動を経由して、長崎県入りされていることが多いことが分かりました。

いくつの弁護団に実働として所属されているのだろうか、事務所で通常の業務をされている日はあるのだろうか、そのような時間があるのだろうか、と自分の能力不足を実感すると同時に、全国を飛び回って様々な弁護団活動をされる板井優先生のバイタリティの高さに驚かされました。年下である私がこんな状態ではいかんと反省した次第です。

懇親の席での思い出

また、板井優先生とは、多くの懇親の席をご一緒させて頂きました。先に述べた当事者を先導する力強さ、バイタリティの高さは懇親の席でも健在でした。

身体が痛いと言って肩を摩りながら、笑顔で美味しそうにお酒を飲む姿が印象に残っています。

その多数回の酒席で、石木ダム事件に関する叱咤激励を頂き、政策形成事件とは何か、石木ダム事件をどう戦うのか、勝つ道筋が見えているのか等とお話をさせて頂いたことは私の板井優先生との一番の思い出です。

さいごに

石木ダム事件は、司法の場面では負けが続いている事件です。そうであるからこそ、板井優先生がおっしゃっていた力のある正義を実現することが求められています。

これまでの板井優先生との様々な思い出、板井優先生から学んだこと一つ一つを大事にして、石木ダム事件に込められた板井優先生の想いを実現することこそ、私たちがやるべきことだと思います。

長年にわたる弁護士活動本当にお疲れ様でした。

板井優先生と石木ダム対策弁護団としての活動をご一緒できて本当に幸せでした。

関連書籍

豊かな横の連帯を

中島　潤史

その力の源泉を学びたい

私は、司法修習を終えた２００５年10月に熊本中央法律事務所に入所し、２０１５年8月に独立するまでの約10年間、板井優先生の下で仕事をすることができました。

私は中学生のころ、教師の理不尽な指導に萎縮してしまい、反論できずにとても悔しい思いをしました。そして世の中には自分と同じように言いたいことを言えずに悔しい思いをしている人たちがいるはずだと思い、弁護士を志しました。板井優先生の下で仕事をしたいと思ったのも、巨大な社会的権力に臆することなく立ち向かい、勝利してきたその力の源泉を学びたいという気持ちからでした。

原爆症認定訴訟での経験

私が熊本中央法律事務所に入所したときには、全国12地裁で原爆症認定訴訟が展開されていて、熊本地裁でも板井優先生を団長とする熊本弁護団で訴訟活動が行われていました。私が入所してから約2カ月後の11月25日には、熊本地裁が全国で初めて被爆地である長崎市の現地検証を行いました。このとき熊本弁護団が実現させた現地検証の目的と方法は、新人弁護士だった私にとって、とても刺激的なものでした。

当時の被告国は、爆心から遠距離で被爆した原告らについて放射線の影響を過小評価し、原告らの疾病は原爆の放射線に起因するものではないと主張していました。しかし実際には、原爆のすさまじい威力は遠距離においても人体に多大な影響を与えていたほか、爆発後も地上に残留した放射性物質が被爆者の身体をむしばんでいたのです。このことを裁判所に理解してもらうためには、被爆の実態を明らかにすることが絶対に必要でした。しかし、当時の被爆状況は被爆者しか知らないし、幼少時に被爆したのであれば被爆者自身にも分からないことです。そうだとすれば、私たちは「60年前の被爆地で何が起こり、現在被爆者に何が起こっているのか」という豊かな想像力を持つことによって、被爆の実態を明らかにするほかない、そのためには裁判官に被爆地に足を運んでもらうことで、被爆の実態を身体で感じてもらう必要がある、これが現地検証の目的でした。もちろん、現在の長崎市はホテルやマンションなどが建ち並び、その様子を見ても被爆当時の長崎市の状況を知ることはできません。しかし、現在の長崎市の状況から被爆当時の長崎市の状況を想像することで、被爆の実態を知ることができるのです。このように人間の持っている豊かな想像力を信じて検証を行うというその手法に、私は感動で身震いするほどでした。このようなアイデアがどうやって生まれたのかは確認していませんが、「事実を、もっと事実を」という裁判の原点を日頃から言われていた板井優先生の手法そのもののように感じます。現地検証の当日、指示説明の担当だった私は裁判官にうまく説明できるだろうかと非常に不安に思っていたところ、板井優先生から「裁判官を説得しようとするのではなく、自分も一緒に分かろうとすることが大切だ」とアドバイスをいただいたときには、一気にプレッシャーから解放されました。この時のことは今でも忘れることができません。

もう一つ、原爆症認定訴訟では忘れられない経験があります。第二次訴訟での熊本地裁の口頭弁論期日でのことだったと思いますが、法廷で被告国の代理人（訟務検事）が理不尽な意見を述べたところ、私のそばに座っていた板井優先生がバッと立ち上がって「な

原爆症熊本訴訟第１陣で旗出しのために疾走（右が中島）

に言ってるんだ！　ふざけるんじゃないよ！」と訟務検事にものすごい怒号を放ったことがあります。私はこのとき、中学生のころに教師の理不尽な指導に萎縮してしまって反論できなかった自分を思い出しました。理不尽なことに対して黙っていてはだめだ、こうやって直ちに反論するんだ、それが弁護士の仕事だ、と身をもって教えてもらったように感じました。

アスベスト問題への取組みを通じて

２００６年2月、いわゆるクボタショックを受けてアスベスト新法が成立しました。熊本でもかつてアスベスト鉱山と工場があった松橋町に広汎な石綿被害が生じている可能性が指摘されていて、宇城市の調査では、２００４年の時点でアスベストに曝露したことを示す「胸膜肥厚」の存在が認められた住民は１６００名を超えることが明らかになっていました。

どういうきっかけかは忘れましたが、私は板井優弁護士と共にこのアスベスト問題に取り組むことになり、２００６年12月には松橋町に赴いて住民説明会を実施しました。そこで明らかになったことは、熊本県内には被害者の相談窓口となるべき組織が存在しないために、被害がほとんど表面化していないということでした。このような状況を打破し、アスベスト問題の全面解決を実現するためには、アスベストに関する情報を県内各地に発信して被害者の相談窓口となり、現行制度上救済されない被害者の救済をも目指す組織が必要だ、というのが板井優先生の意見でした。私もまったくそのとおりだと感じましたので、板井優先生と相談し、医師・弁護士・労働組合等が中心となって、熊本県のアスベスト被害を考える組織（アスベスト問題研究会）を立ち上げる方針が決まりました。

ところが、そのための準備会を3回ほど実施しましたが、肝心の組織構成が決まりませんでした。情報発信や被害者の掘り起こしという目的を実現するためには、幅広く医師に参加してもらい、会長等に就任していただきたかったのですが、呼吸器専門ではない、体調不良、忙しいなどの理由で複数の医師に参加を断られてしまいました。

そうこうしているうちに、２００８年には首都圏建設アスベスト訴訟が提起され、九州でも同様の訴訟準備のための弁護団会議が開催されるようになりました。そのため、アスベスト問題についてはその訴訟の方に力点を置くようになり、結局、アスベスト問題研究会は発足させることができませんでした。

しかし、幅広く被害者の相談窓口となって全面解決を目指すためには、幅広い支援を得られる構成にすべきだという板井優先生の考え方は、今でも常に心に留めている大切なことになりました。

ノーモア・ミナマタ第1次訴訟に取り組む

2005年10月3日にノーモア・ミナマタ訴訟（第1次訴訟）が提起されました。板井優先生はこの裁判の弁護団には加わりませんでしたが、板井優先生から水俣病第三次訴訟のときの経験をたくさん教えてもらいました。

例えば、板井優先生が弁護団事務局長をしていたときには、毎朝主要な新聞全部をチェックし、水俣病問題の記事を書いた記者に一人一人電話して記事の内容などを詳しく聞き出していたということです。国の政策に関わる裁判では、正確な情報を下に情勢を分析し、対策を検討する必要がありますが、当時の板井優先生は国のどの官僚よりも早く正確でしかも詳しい情報を入手していたそうです。勝つためには何が必要かを徹底的に考え、労をいとわず実践する板井優先生らしい手法だと感じました。

また、板井優先生は、具体的な事実に基づかずに頭の中で考えてばかりいることを「観念論だ」と常々批判していました。私はこれを、具体的な事実こそが人の心を打ち、人を動かし、物事を解決する力になるのであって、抽象的観念的な考え方が人を動かすのではないのだ、と受け止めています。

ノーモア・ミナマタ訴訟の第1回口頭弁論では、私に代理人意見陳述をする機会が与えられました。御所浦島へ赴いた際には、今の美しい御所浦の海を見ただけでは、今でも本当に水俣病の被害があるとはとても想像できませんでしたが、水俣病患者の方の話を聞くうちに、その被害の深刻さに気づかされました。そこで、私は「水俣病患者の声に真剣に耳を傾ける必要があります。水俣病患者自らの身体と生きざまから、私たちはいま何が起こっているのかを想像すべきなのです」と指摘し、原告、被告、裁判所と立場が異なっていても水俣病のような悲惨な公害を人類は二度と発生させてはならないという思いは同じはずだ、その共通の思いがあるのであれば、本件訴訟も三者の協議によって解決することが十分できるはずだと法廷で訴えました。今振り返ってみると、現実を分かっていない未熟な訴えだったかもしれませんが、板井優先生から教わった考え方を自分なりに実践した初めての経験でした。

力の源泉は何だったか

板井優先生が、巨大な社会的権力に臆することなく立ち向かい、勝利してきたその力の源泉が何であるかについて、私は板井優先生に質問したことはありませんし、質問しなかったことに後悔はしていません。そんな質問をしても、きっと板井優先生は「じゃあ飲みに行くぞ」と言って、自分のしたい話をするに決まっているからです。

私なりにいま思うのは、実はその力は板井優先生というただ一人の人間に宿っていたわけではない、ということです。板井優先生は人々が連帯することをとても大切にしていました。「いたずらに批判したり決めつけたりするのではなく、どうやったら違う意見の人を変えていくことができるのかを考えることが大切だ」と述べています。豊かな横の連帯が成立しているからこそ、巨大な社会的権力に臆することなく立ち向かい、勝利する力が生まれるのではないでしょうか。板井優先生は一人で闘っていたのではなく、みなさんと一緒に闘っていたのだと思います。

板井優先生はよく「弁護士は、ものを解決する集団である」と述べていました。なぜ「集団」なのでしょうか。弁護士一人では巨大な権力に萎縮してしまうこともありますし、解決できないこともあります。板井優先生は「そういうときは一人で頑張ろうとするんじゃなくて、一緒に頑張ってくれる仲間を作ればいいんだよ」と言ってくれているように思います。

「豊かな横の連帯を」

これからもこの言葉を大切にしていきたいと思います。

ノーモア・ミナマタ訴訟で故大石利夫原告団長とともに門前集会にて

新しい闘いには新しい言葉を～川辺川・水俣病

菅　一雄

「熊本の弁護士はスゴイぞ」

私は東京出身で、２００５年6月、司法修習で初めて熊本に来ました。空港バスの窓から見た暑い日差しと楠並木を思い出します。修習地の第一希望に自分と無縁の熊本を選んだのは、先輩弁護士から「水俣病もハンセン病も勝った熊本の弁護士はスゴイぞ」と言われたからでした。「板井優」の名前は「水俣病の弁護士」として知っていました。先輩弁護士からは「東京で弁護士をやるなら一度は地方を見ておいたほうがいい」とも言われました。私もそのつもりでした。

弁護士一人の弁護団会議？

修習後の夕方からは、いろいろな弁護団会議に押しかけて見学しました。

一番印象に残ったのは、川辺川の弁護団会議でした。「弁護団会議」ですが、弁護士の参加者は優先生お一人のことがほとんどでした。川辺川利水訴訟は２００３年に控訴審勝訴で確定し、事業認定処分取消訴訟は２００５年12月に原告の勝利的取り下げとなり、法廷外の住民運動の時期だったからです。他の会議参加者は、利水訴訟原告団の梅山究さんや茂吉隆典さんたち、事業認定処分取消訴訟原告団の吉村勝徳さんたち、清流球磨川・川辺川を未来に手渡す流域郡市民の会の緒方紀郎さんたち、子守唄の里・五木を育む清流川辺川を守る県民の会の代表の中島康さん、事務局長の土森武友さんたち、熊本県立大教授の中島熙八郎先生、ほかの方々で、熊本中央法律事務所の会議室の椅子が埋まりました。

会議の中心は情勢分析でした。参加者が情報を出し合います。地元の方々は住民の声を丁寧に把握していました。優先生は、国・県から地元まで、政治家や政策担当者、有力者などの情報を適宜報告しました。優先生は情報収集に非常に努力しておられました。そして、集めた情報から優先生が国などの狙い・戦略を分析しました。そこから、運動方針が決まりました。例えば、２００７年国交省が治水に関して地元住民向けの報告会を連続して開催したことがありました。優先生は、国交省の狙いを「報告書」で住民から出た意見のうち国交省に都合のいい意見だけを「民意」として採り上げてダム治水推進の口実にすることだと見抜きました。そこで、緒方さん、土森さん、須藤久仁恵さんらが手分けして53回の説明会すべてに出席し、誰からどのような意見が出たかを全て記録し、ダム治水を懸念する意見が大多数だったことを発表しました。さらに『ダムは水害をひきおこす〜球磨川・川辺川の水害被害者は語る』（花伝社）というブックレットにして出版しました。「これが闘いというものか」と心底感心しました。

運動の細かい具体化はほぼ各自に任せていました。参加者らが闘いの経験を積んで力をつけていた現れだと感じました。

他の弁護団会議とは全く様子が違いましたが、学生自治会活動の経験もある私には興味深く、会議に参加し続けました。結局、司法修習後の２００６年10月、私は熊本で弁護士をすることとなり、川辺川弁護団会議に出る２人目の弁護士になりました。翌年、久保田紗和弁護士も３人目に加わりました。ダム利水推進に固執する川辺川総合土地改良事業組合の解散を目指し、同組合への公金支出の違法性を問う２つの住民訴訟を起こし、私と久保田弁護士がそれぞれ弁護団事務局長を務めました。２０１２年、同組合は解散しました。

居酒屋談義

川辺川の弁護団会議後には、優先生、康さん、熙八郎先生、時には土森さんも一緒に飲みに行きました。お店は、坪井にあった沖縄料理「ゆがふ」や大江の「田舎屋」でした。私は酒を飲みませんので、食後はみなさんを車で家に送り届けました。沖縄そばに添えられた透明なタレが美味しく、どんどんかけていたら、優先生から「そりゃ泡盛だぞ。運転大丈夫か？」と言われたこともありました。

優先生はじめ、歴史もあり最前線を行く運動を担ってきた方々の話は勉強になりました。

私は優先生からしばしば「観念論」と批判されました。優先生は丁寧に説明してはくださいませんでしたが、人は生身の人間であり、生活があり家族があること。人が闘うことは容易でなく、闘い続けることはもっと容易でないこと。仲間がいなければならないこと。その理解が私に不足していた点への批判と今は受け止めています。

原爆症認定訴訟の門前集会。原告を鼓舞する板井優弁護士（後ろが菅）

川辺川住民訴訟の原告団長のFさんは、地元農家の闘いの中心にいて、長く優先生と共に闘ってきた方でした。ところが、ある時、Fさんが原告団長を辞任されました。私はFさん宅を訪問して慰留しましたが、翻意されませんでした。辞任の理由も説明されませんでした。Fさんは悲しくつらそうでした。優先生から、辞任はFさんの家庭の事情からだと教わりました。

「正義が勝つのではない。力のある正義が勝つのだ」という優先生の言葉は、単なる多数決ではなく、厳しい現実生活の下で生身の人間が仲間と一歩ずつ前進する姿を念頭に置いた言葉だと私は受け止めています。独り身でお気楽だった私も、熊本で家庭を持ち、親の有り難みも思い知り、少しは人間理解もマシになったでしょうか。

優先生からは過去の闘いの話も聴きました。優先生は「闘いを書いて残せ」とよくおっしゃっていて、闘いの節々で本やブックレットを出されました。読んだ話でも聴いてはじめて分かることもありました。表に出せない苦労話、裏話も聴きました。私の結婚式の乾杯の音頭を取っていただいた時だったか、優先生が私を「口が堅い」と評したことがありました。優先生の裏話を将来書き残すときが来るかもしれません。

新しい闘いには新しい言葉

「新しい闘いには新しい言葉が必要だ」

優先生の理論家としての側面を示す言葉です。

最前線の闘いは、従来の社会の枠組みで解決できないところに起こります。その闘いに勝つためには、闘いの正当性を表現する新たな理論が必要になるのです。

例えば、優先生は水俣病第三次訴訟で国の不作為責任を問うために「原因隠蔽工作」という概念を提起しました。従来の「原因究明妨害」という用語は、水俣病の「原因」が未解明だったことを前提にしている。原因が未解明なら国は対策しようがなく、国の責任を問えない。しかし、水俣病の「原因」はチッソ水俣工場の排水であり不知火海の魚介類だと判明済みで、国を含む加害者らは判明済みの「原因」を隠蔽したのだ、という理屈です。食中毒を病因物質・原因食品・原因施設の角度から見るという疫学者の津田敏秀岡山大教授の指摘に通じる先駆的な発想です。優先生は「力のある正義」「一人の千歩より千人の一歩」「事実を、もっと事実を」という運動家でしたが、表裏一体の理論家でもありました。

弁護士は過去の判例・先例を重視する生き物です。最近は要領よく他人の過去の書面のコピペで済ます弁護士が増えてきたようにも感じます。しかし、壁を打ち破るためには、根本から考え直した新しい言葉が必要であることを肝に銘じたいと思います。

優先生の言葉は宝物で、努めて聴くようにしていました。優先生は疲れていても飲みに行き、酔って半ば絡むような口ぶりで「菅、自分の賢さを見せようとするのは愚かだ。勝つためには、己をむなしゅうして（空しくて）我慢して我慢して我慢しろ」「菅、闘え、闘え、闘え」と言われました。優先生はいつも自分にそう言いきかせているのだと思いました。

水俣病問題で基調報告をする板井優弁護士

優先生が健康状態を大きく崩された後の一昨年だったか、川辺川現地調査でのご発言を聴きに行きました。梅山さんたちに「どうして『反対』なのか。『情報がないので賛成できない』ではないか」と諭したエピソードを紹介されていました。どうしてその話だったのか、優先生にいつか確かめたかったのですが、果たせませんでした。

紙幅も時間もなく、思い出を書き並べましたが、書き足りません。

私の知る最も優れた、最も尊敬する弁護士でした。

関連書籍

ミナマタ学校・課外授業

村山　雅則

ミナマタ学校。ミナマタ弁護団活動はミナマタ学校と呼ばれ、このミナマタ学校で、弁護士として身につけるべき一般的知識・技術、集団訴訟の取組み方など多くのことを学んだという話を、これまで水俣病裁判に関わってこられた先輩弁護士から聞くことがあります。

私も、ノーモア・ミナマタ訴訟に関わっていますので、ミナマタ学校の在校生なのですが、幸運にも、板井優先生（以下「優先生」といいます）から、課外授業を、しかも、個別授業を受ける機会に何度も恵まれましたので、そのことについて振り返ってみたいと思います。

時は夜中、場所は「ゆがふ」という沖縄料理屋さん。

仕事を終えて、ちょいと一杯と思い、お店のドアを開けると、優先生がカウンターに座っているのが目に入り、ドアを閉めて帰ろう

ノーモア・ミナマタ第1次訴訟の門前集会

とする私。

振り返り、私に気付き、手招きする優先生。

仕方なく、もとい、ありがたく優先生の隣に座る私。

ちょっと酔っ払った優先生としらふの私がカウンターに並び、お酒とおつまみをいただきながら優先生のお話を聞く。

毎回、このようにして、ミナマタ学校・課外授業が始まるのでした。

このミナマタ学校・課外授業で学んだことは多岐にわたります。

優先生から、どのように人脈を広げていったかの話をお聞きしては、人脈を広げることの大切さを痛感し、どのように情報収集していたのかの話をお聞きしては、情報収集の重要性を痛感していました。また、収集した情報を徹底的に分析したことの話をお聞きしては、情報分析の重要性を痛感していました。さらに、水俣病三次訴訟の弁護団会議での侃々諤々の議論状況などの話をお聞きしては、ときには先輩弁護士に楯突くことになるとしても言うべきことは言わないといけないなと反省していました。

このミナマタ学校・課外授業の中で特に印象に残っていることは、優先生が、「板井優は激しいからね」、「村山、たたかっているか」と何度も何度も仰っていたことです。

私は、当時はこの発言の趣旨を深く考えたことはなかったのですが、今考えると、優先生は私に次のことを伝えようとされていたのではないかと思います。

まず、「板井優は激しいからね」は、自分はいろいろな手段を使って人脈を広げ、できるだけ情報を収集し、収集した情報を妥協することなく徹底的に分析し、その結果導かれた意見はたとえ当初は少数意見であろうと先輩弁護士の意見に反する意見であろうと堂々と主張し、最終的には多数意見にし、物事を解決してきた、物事を解決するためにはこれくらいの激しさが必要だ、ということを仰りたかったのだと思います。

また、「村山、たたかっているか」は、お前はできる限りの努力をしているか、本気になっているか、甘えていないか、まだまだ物事を解決できるだけの激しさが足りないぞ、ということを仰りたかったのだと思います。

当時は、またその話ですか、私にはそこまでできませんよなどと思いながら聞いていましたが、優先生がお亡くなりになり、もう優先生の「板井優は激しいからね」、「村山、たたかっているか」という言葉を聞けなくなってしまったことに寂しさを感じるとともに、優先生のこの言葉を思い出しては、まだまだ激しさが足りない、もっとたたかわないといけないと反省をしている次第です。

公害被害者総行動（東京）の一コマ

このように、私は、優先生からミナマタ学校の課外授業を、しかも、個別授業を受けることができたことを、とてもありがたく思っています。

今となっては、もう少し真面目に授業を受け、いろいろなことを質問して優先生の見解を伺っておけばよかったと思うこともありますが、それは叶いませんので、今後の弁護士活動において、優先生に教えていただいたことを最大限活かしていきたいと思っているところです。

ミナマタ学校・課外授業で学んだことを最大限活かすことが、優先生への恩返しとなり、そして、よりよい社会につながっていくものと思っています。

なお、ミナマタ学校・課外授業は1限目で終わらないことも度々あり、2限目は水俣病被害者支援活動の拠点の一つといわれた「カリガリ」に場所を移して、そこでも、「板井優は激しいからね」、「村山、たたかっているか」と授業が続けられたのでした。

研修生という名の奴隷労働

小野寺信勝

２００８年６月、１～２年目の若手弁護士を中心に、外国人研修生・技能実習生への法的支援等を目的とした「外国人研修生問題弁護士連絡会」が結成されました（現在は「外国人技能実習生問題弁護士連絡会」に改称。以下「弁連」といいます）。弁連設立のきっかけは、２００７年夏に発覚した熊本県天草の縫製工場で働く中国人研修生への人権侵害事件でした。地元で彼女たちを支援している方々を通じて、熊本中央法律事務所に相談が入り、板井優先生をはじめ所属弁護士全員で話を聞くことになりました。彼女たちの話を聞き、本当に驚きました。彼女たちは、中国山東省にある派遣会社に４万元（約60万円）の保証金を支払って縫製工場で研修を受けることになりました。ところが、パスポートと通帳を取り上げられ、朝午前８時半から夜10時まで、遅いときは午前３時まで働かされ、休みは月１日程度、給料は月に６万円、

中国人研修生の奴隷労働の訴え。この後、勝訴判決が下る

残業代は時給300円だったというのです。まさに奴隷労働でした。今でこそ技能実習制度の問題は広く知られるようになりましたが、当時は多くの弁護士にも研修生の問題は知られていませんでした。私たちは彼女たちの話に何とかしなければと思う一方で、法的な仕組みがよく分からず、どのように彼女たちを支えていけばいいのか分かりませんでした。

右も左も分からないなかで、若手弁護士が中心となって研修生の聞き取りや裁判準備を進め、縫製会社と受入団体の事業協同組合などを相手に、熊本地裁に提訴しました。

この裁判をきっかけとして弁連が設立されることになりましたが、そのきっかけは板井優先生の言葉によるものです。板井優先生は常日頃から、人権を回復するためには法廷の中の活動だけではダメ、あらゆる手を尽くして世の中の「仕組み」を変える必要があると言っていました。裁判準備を進める中でも板井優先生から裁判を闘うだけでは足りないこと、世論形成や法改正が必要であると指摘されました。

研修生の劣悪な労働条件はまさにその「仕組み」に問題があります。研修制度は実際には「非熟練」外国人労働者の受入れのための制度ですが、研修制度の建前が開発途上国等への技術移転を目的とした制度であるために、研修生は「労働者」ではなく、最低賃金法や労働基準法等の保護は受けられないとされてきました。このように研修生の劣悪な労働条件の原因は「仕組み」にありますが、弁護士側には組織的に対峙する団体はありませんでした。

当時、東京の指宿昭一弁護士が研修生の労働審判を申し立てたことを知り、指宿弁護士に何度も連絡して研修生問題に取り組む弁護士のネットワークを作ることを提案しました。しかし、指宿弁護士はなかなか首を縦に振ってくれません。弁護団で東京の指宿弁護士の事務所に押しかけ、弁連設立を承諾させました。弁連はこうして産声を上げましたが、その出発点は板井優先生の助言があったのです。

話が前後しますが、私たちは裁判で闘うことになりましたが、研修生は裁判期間中に日本に留まるのか、帰国するかが問題になりました。というのも、研修生は働くことができないため、日本に留まるとしても生活費の問題があったからです。最終的に私たちは日本に滞在しながら裁判を闘うことを選びました。この選択は板井優先生がいつも裁判所に被害を訴える必要性を強調し、私たちもその薫陶を受けていたからです。問題は生活費でしたが、熊本県労連が中心となって支援の輪を広げてくれたおかげで、彼女たちの生活費は市民のカンパで賄うことができました。熊本県労連は板井優先生の水俣病やハンセン病、原爆症などの裁判を長年支援していました。その豊富な経験から、私たち若手弁護士が裁判を闘いやすいように温かく

共に闘った県労連定期総会で挨拶する板井優弁護士

頼りになる支援を続けてくれました。

彼女たちが日本に滞在できたため、裁判では毎回研修生が裁判官に向かって意見陳述を行い自分の口で劣悪な労働条件を訴えることができましたし、全国を講演に回り研修制度の廃止を訴えることができました。

私たちは熊本の研修生の裁判とは並行して、研修制度の廃止のために国会議員や省庁とも交渉を行ってきました。そのセッティングをしてくれたのは板井優先生でした。ある日、板井優先生から食事に誘われました。指定された店の個室に入ると、すでに板井優先生は来店しているとのこと。恐る恐る個室の扉を開けると板井優先生のほかに、2名の国会議員が待っていたのです。板井優先生は私が着座するなり、すぐに研修制度の法的問題を説明するよう言い、私は必死に説明をしました（緊張のため説明した内容は覚えていません）。これをきっかけに、研修制度の問題を国会質問してくれたり、省庁交渉に協力をしてくれるようになりました。

私たちの裁判は、２０１０年1月29日に熊本地裁は縫製会社2社と受入団体に約１７３０万円の支払いを命じました。判決では縫製会社2社について「『研修』とは名ばかりで実態は労働者だった」と指摘し、最低賃金法を適用して未払賃金の支払いを認め、パスポートの取り上げなどは「違法な労働状態を助長する」として慰謝料の支払いも認めました。さらに、事業協同組合は適正な監査を怠ったとして賠償を命じました。受入団体の法的責任を認めたのは、全国でこの熊本判決が初めてのことでした。この判決は高く評価され、私たち弁護団は日本労働弁護団から労働弁護団賞を受賞することができました。表彰の理由は「入管法上労働者でないとされていた外国人研修生について、労働者性を認めさせて、労働基準法及び最低賃金法を適用すべきとの極めて重要な判決を獲得」したことが挙げられています。

２０１０年2月9日には、板井優先生が紹介してくれた国会議員の協力を得て、研修生が入管局長と面会する機会を得ました。研修生は自らの体験を切々と語り、研修制度の廃止を訴えました。入管局長が研修生と面会し、請願を受けたのは史上はじめてのことです。

熊本の裁判がきっかけの一つとなり、２０１０年7月に入管法が改正され、「技能実習生」の在留資格が創設、従来は研修生として労働者として扱われていなかった期間も、労働者として扱われるようになりました。

板井優先生は研修生の裁判を私たち若手だった弁護士に任せてくれましたが、この裁判の支柱は板井優先生の哲学であり、それを実践できたからこそ勝利で終えることができたと考えています。

熊本の判決から10年以上が経過しましたが、研修制度は技能実

原爆症訴訟の報告集会（一番左が小野寺）

習制度に形を変えて今なお生き続けています。残念ながら劣悪な労働条件で働く実習生は後を絶ちません。私たちは板井優先生から哲学を受け継いだものの責任として、実習生問題の解決のためにこれからも社会的役割を果たしていきます。

関連書籍

闘う主体の覚悟を問う～中国人研修生

村上　雅人

私淑させてもらいました

私が弁護士になった2007年、すでに板井優先生は伝説的な存在でした。

私自身は板井先生と同じ事務所ではなく、日常的な指導を受けたわけではありません。

先生が書かれたものを読み、弁護団会議でのご発言を聞いては、反芻して考える、という形で一方的に学んだにすぎません。

それでも、私淑して得た弁護士としての在り方は、確実に私の血肉になっています。

中国人研修生・技能実習生のこと

2007年、熊本県天草市の縫製工場から逃げた中国人の女性たちが、熊本市内で保護されました。彼女らは、外国人研修生として来日して働き、技能実習生という在留資格に移行していました。

当時、外国人研修制度・技能実習制度は、一部では問題視されていましたが、まだ一般にはあまり知られていませんでした。

初めて彼女らの相談を聞いたとき、労働組合の人々も、弁護士たちも、これはいったい何なのか、現代にこのような人買いが存在しているのか、という驚きとともに話を聞いたというのが正直なところでした。

ただ、すぐに、この制度の問題が、弱い者を搾取する日本国内と国外の連鎖の中で、組織的に行われている、構造的な問題であるということに理解が及びました。

外国から単純労働力は入れないという建前にもかかわらず、技術移転による国際貢献という口実を使って、中小企業の安価な労働力調達というニーズに応える制度です。

彼女たちは、この構造の中で、異国で労働法の保護を受けずに働くという、最も弱い立場に置かれた人々でした。

具体的に話を聞けば、彼女らは、前借金を負い、違約金の約束をして、最低賃金を大きく下回る給与で働いていました。外国人の在留資格の制約で転居も転職も出来ずに、預金通帳や旅券を取

「私達は奴隷じゃない」、熊本地裁勝訴の瞬間

り上げられて、パワハラ等の人権侵害の中で働いていました。

そして、そのような立場の外国人たちが、他にも大勢いることがわかってきました。

板井先生たちは、早速、強制労働について労働基準監督署や熊本県警察本部に告訴状を提出し、県庁で記者会見をしました。

裁判を闘う

さて。彼女たちの闘いは、これに留まりませんでした。

裁判手続で人権の回復をする闘いを始めます。最低賃金との差額を求める未払い賃金請求のほか、強制労働の損害賠償を求める裁判です。

しかし、裁判となると、主体的かつ継続的に闘っていく必要があります。

彼女たちにそれが出来るのか。そこがハードルでした。

第1に、そもそも彼女たちが日本にいることに在留資格の制約があります。

第2に、当時の制度では、外国人研修生が働くのは雇用契約に基づきませんでした。最低賃金との差額を支払わせるには、労働者であると認められないといけません。

つまり、彼女たちは、日本に居ることの土台が不安定であり、また、労働者であるかどうかの確証がない（勝てるかどうかわからない）ところから始めなければならないのです。勝てるかどうかわからないところからスタートするのは、水俣病でもハンセン病でもそうでしたから、ひるむことはありません。しかし、闘い続ける主体はどうか。

彼女たちが裁判を始めるにあたり、板井先生はそこを問うていたと思います。

初期の弁護団会議では、「もし裁判をする覚悟があるならおやりなさい。応援するよ」という意味の言葉を述べられていました。

人権を回復するには、人から助けてもらうにせよ、自分で闘い続ける意思が求められる。苦難を前に諦めてしまうのならば、残念だけれども、無理強いはできない。だけれども、もし闘うのならば、全力で共に闘う。そう考えておられたと思います。

彼女たちは、その課題にせいいっぱい応えたと思います。

さまざまな方の尽力で、日本での在留を勝ち取り、日本での生活を維持し、地裁、高裁と、裁判闘争を闘い抜きました。そして、裁判所には労働者であることを認めさせて、慰謝料も勝ち取ったのです。最後には、他の闘争の当事者を励ます発言を行えるまでに、彼女たちは成長しました。

中国人農業実習生訴訟の門前集会

また、支援の方々も、弁護団も、彼女たちを共に闘う仲間として扱って、裁判闘争を走り抜きました。

分断を越えた連帯へ

板井先生は、この闘いの中心におられたわけではありません。

裁判の多くは、私たち若手の弁護士が担いました。

ただ、この闘いは、板井先生が成してきた闘いの応用でした。また、板井先生は、要所で闘いの持つ意味を語られ、それは私たち後輩にとっての導きの星となりました。

人権回復のために勝つ。そのために、知恵を絞り、細心の注意を払って、しかし大胆に闘う。当事者は闘う主体として成長する。闘いを人々とともに押し進める。そして、その闘いが、社会の中で、歴史の中で、世界の中で持つ意味を理解し、闘争に反映させる。

板井先生は、分断を越えて連帯しながら、人権回復の闘いを挑んでこられました。その蓄積が、国籍を越えた連帯の可能性をも切り開いたのです。

原発なくそう！九州玄海訴訟をご一緒して

稲村　蓉子

板井優先生とは「原発なくそう！九州玄海訴訟（九州玄海訴訟）」でご一緒させていただきました。

九州玄海訴訟は、まず玄海原発、そして全国の原発の廃炉を目指す裁判で、２０１１年夏から準備が始まりました。九州玄海訴訟は、原告1万人を集めて、裁判のみならず世論の力で脱原発を叶えようとする裁判で、九州中から多くの弁護士が代理人として就任しました。原告・弁護団の規模、闘う相手である国と九電の強大さからすると、原告団や弁護団を束ね、組織として作り上げていくことの困難さは前代未聞ではなかったかと思います。板井先生は当初から共同代表のお一人として、その重責を引き受けてくださいました。

九州玄海訴訟の会議は時に紛糾しました。特に当初のころは、原告数をどこまで多くするのか、原告の訴訟参加費用をいくらに設定するのか、技術論争の位置づけなど、激しい意見の対立がありました。そのようなとき板井先生は目を瞑って腕を組み、皆の意見にじっと耳を傾けていました。何かを声高に主張されることはなく、意見を求められれば発言するといった感じでした。しかし、議論がまとまらない時でも、最終的に板井先生が「○○がいいんじゃないの」と言えば、皆が、板井先生がそう言うのならば、と納得し、議論が落ち着くのです。板井先生のこれまでの闘いの経験を皆がリスペクトし、絶大な信頼を置いていたからこそでした。それは、裁判所も同様でした。第1回期日の前に、入廷する原告の人数を巡って裁判所と協議したことがあります。当訴訟団の原告数は第1回期日の時点で3000名以上いたことから、裁判所は混乱を恐れたようで、入廷する人数を制限しようと強硬な態度を取りました。けれども、板井先生が「我々弁護団を信頼して欲しい。原告にきちんと説明できるだけの信頼関係を作り上げる。その実績が我々にはある」と裁判所を説得しました。この板井先生の言葉を聞いて裁判所は態度をやわらげ、弁護団の案も尊重してくれるようになりました。私はこの協議の場に同席しましたが、人を説得するとはこういうことかと思ったものです。

板井先生は決してブレない方でした。よく仰っていたのは、「力のある正義の実現をしなければならない」「1に事実、2に事実、3、4がなくて5に事実」「被害のもとに団結しなければならない」ということです。板井先生は、原告団や世論が大きな力を持つと信じていましたし、そうあらねばならないと考えておられました。また、その力の源泉は、事実、特に被害であり、二度と同じ被害を繰り返してはならないとの思いで人々が団結できると仰っていました。私たちは、その方針の下、裁判では福島第一原発事故による被害実態を強く主張していますし、被害回復を求める訴訟団（例えば生業訴訟など）と連帯して闘っています。また、当訴訟団は、放射性物質に見立てた風船を季節ごとに飛ばして、その飛散方向や距離を調査し、かつ脱原発を世論に訴えるというプロジェクトをしたことがあります。これも「力のある原告」の実践でした。この企画が持ち上がった時、板井先生が嬉しそうに「いいねぇ」と目尻を下げていたのを覚えています。

ところで、脱原発訴訟が全国各地で提起され始めた頃、「勝たせてくれる」裁判官のいる裁判所に提訴するとの方針を検討する弁護団もありました。しかし、板井先生は、私たちに「幸せの青い鳥を探してはならない」と諭していました。地裁でのまぐれ勝ちでは、高裁、最高裁で覆されて同じこと。裁判官を真に説得してこちら側に引き寄せなければならない、ということです。板井先生にとっては、単発の勝利では意味がなく、全体の解決にどうつなげていくかの戦略が大事でした。板井先生は、差止め型の訴訟団と、被害回復請求型の訴訟団とが団結して行動し、最終的に脱原発法を成立させることを目標としておられました。残念ながら脱原発法の成立はまだ先になると思いますが、板井先生がつけた道筋、作り上げた人脈や組織が今後の活動の大きな糧になるのは間違いありません。

と、ここまで板井先生について書いてきましたが、その人となりは明るく、豪胆な方でした。だからでしょうか、板井先生が数々の困難な闘いを勝ち抜いてこられた闘士であり、時に激しく相手方とやり合ったこともあることは重々承知しているのですが、思い出す表情はまず笑顔なのです。

板井先生の笑顔はパーッと周りを明るくしました。お酒の席で失敗話などが出ると、板井先生は「だからお前はいかん」などと大笑いしながらダメ出しをするのですが、ダメ出しをされた人も思わずつられて笑ってしまう明るさでした。この明るさもまた、板井先生の周りに人が集まった理由だと思います。

脱原発の叶わないうちに板井先生を失ったことは大きな痛手です。けれども、きっと板井先生なら「止まるな、闘え」と仰るでしょう。私たちは板井先生の思いを引き継ぎ、闘い続けていきます。板井先生、長い間本当にありがとうございました。

関連書籍

原発なくそう！九州川内訴訟をご一緒して

大毛　裕貴

「今年は流れが変わる」

２０１２年５月30日、川内原子力発電所１号機２号機の差止めを求める訴訟を鹿児島地方裁判所に提起しました。原発なくそう！九州川内訴訟です。

川内原子力発電所は、九州電力が稼働させている原子力発電所で鹿児島県薩摩川内市にあります。九州電力は佐賀県玄海町で玄海原子力発電所も稼働させています。玄海原子力発電所に対しては、稼働停止を求める原発なくそう！九州玄海訴訟が本訴訟に先立って訴訟提起されていました。

原発なくそう！九州川内訴訟は、先行していた原発なくそう！九州玄海訴訟と兄弟訴訟という形での訴訟提起で、板井優先生は玄海と川内の双方で共同代表を務めておられました。現時点でも訴訟継続しており、２０２１年６月２日が第30回弁論期日となりました。

板井優先生は、体調を崩される前までは、弁論期日は勿論のこと鹿児島で行われる弁護団会議にもほぼ毎回参加されていました。

弁論期日の際には必ず報告集会を開いていました。毎回板井優先生には発言していただき様々な言葉を頂きましたが、印象に残っているのは、年初の報告集会には「今年は流れが変わる」と毎年言い続けていたことでした。おそらくは長い戦いで疲れている参加者のみんなを励ますため、前向きな言葉を言い続けていたのではないかと思います。

そして、弁論期日の際には皆で飲ん方を開くのも恒例で、そこで板井優先生から様々な話を聞き教えを受けました。

板井優先生が手がけてきた事件の話。

法廷での振る舞い。言ってはいけないこと。

国家権力の強大さについて等々

特に国家権力の強大さに関する話はよく聞きました。

国を巻き込む

原発なくそう！九州川内訴訟と原発なくそう！九州玄海訴訟は、行政訴訟ではなく民事訴訟で原発の差止めを求めている裁判です。この形式で裁判を行っている訴訟は全国に数多くありますが、私の知る限り、この二つの裁判以外は全て電力会社のみを被告にしています。

しかしながら、原発なくそう！九州川内訴訟と原発なくそう！九州玄海訴訟は、電力会社だけでなく国も被告としています。

これは、原子力発電所は国策に基づくものだから国が止める権限を有しているという発想です。もっと率直に言えば、電力会社が独自に原子力発電所を止めるという決断が出来るはずがなく、国を巻き込まないと原子力発電所をなくすことなど出来ないという考えが元になっています。

国も被告にするという話をどこで誰が言い出したことなのかは具体的には知りませんが、ほぼ間違いなく板井優先生の発想だと思っています。

国は訴訟が始まったばかりの頃は国に原子力発電所を停止させる権限などないから被告適格がないと主張して、実質的な部分に関する答弁を行いませんでしたが、訴訟も終盤となってきた今では実質的な答弁を行ってきています。

飲ん方のときは、こちらから板井先生に質問をする機会もありました。具体的には「どうやったら原発をなくすことが出来ると思いますか」という質問なんですが、煙に巻かれ、まともに答えてもらったことはありませんでした。自分で考えろということなんですね。板井優先生が体調を崩しお酒を口に出来なくなってか

原発なくそう！九州川内訴訟で鹿児島地裁へ向かう板井優弁護士

らも、飲ん方には来てくれていました。人とコミュニケーションをとり話をすることを何よりも重視していた先生でした。

板井優先生は、鹿児島だけでなく、佐賀、福岡、福島、金沢、東京、愛媛等全国を飛び回り、各弁護団を繋げる役割を果たしていました。事務所にはほとんどいなかったんじゃないかと思います。

裁判だけではなく市民団体が主催する集会にも頻繁に参加されていました。とある鹿児島県庁前で行われた集会に板井優先生が参加されていたので、何か壇上で発言されるのかと思っていたら、参加だけして何も発言せずに帰って行かれました。板井優先生のような超大物が集会に参加するためだけに、わざわざ熊本から鹿児島まで来たのです。驚異的な行動力に畏敬の念を感じざるを得ませんでした。

1日も早く脱原発を

福島第一原発事故から10年がたった今でも原子力発電所は稼働し続けています。原子力発電所の稼働停止を求める裁判は全国各地で行われており、勝ったり負けたりの状況が続いていますが、高裁で勝訴してから最高裁にいくという方針のため、未だ最高裁の判断を得られていません。

正直、板井優先生がお亡くなりになった痛手はあまりにも大きく、この先も板井優先生がいたらと思うことが数多くあるのだと思います。

しかしながら、板井優先生はお亡くなりになっても、板井優先生から教えを受け学ばせてもらった弁護士が全国各地に数多くいます。必ず日本から原子力発電所はなくなります。それが早いか遅いかの違いだけです。

なるべく早く脱原発を達成し、板井優先生に報告が出来ればと思っております。

関連書籍

憧れの優先生に背中を押されて

久保田紗和

衝撃の基調報告～川辺川現地調査

私が、板井優弁護士（普段は「優先生」とお呼びしていたので、本書でもそのように呼ばせて頂きます）と初めてお会いしたのは1997年の川辺川の現地調査でした。両親が原告団となった川辺川利水訴訟が既に始まっており、両親から論戦と運動戦略に長けた優先生の話はよく聞かされていました。川辺川の現地調査には、多くの弁護団も参加されるということで、当時立命館大学に在籍し、弁護士を志し始めていた私は、事件への関心と弁護士への興味ということから夏休みの帰省中に現地調査に参加をしました。現地調査の会場で優先生をお見掛けしましたが、威圧感を放つ優先生に挨拶すらできないでいたことを覚えています。現地調

原爆症認定訴訟第2陣の勝訴判決（中央が久保田）

査のシンポジウムの中での優先生の基調報告には感銘と衝撃を受けました。後に私は熊本中央法律事務所に入所し、優先生の情報収集能力とこれに基づく情勢分析の視点や洞察力、闘いを広めるための運動論における発想力と実践を目の当たりにするのですが、初めて優先生の話を聞いただけでもその凄さが感じ取られ、これが弁護士なのかと優先生に憧れを抱きました。また、優先生の話は、聞いた人に何かしら頑張ろうと思わせる励ます力があり、私も絶対に弁護士になって大きな問題に取り組みたいとの決意を強くしました。それをきっかけに私は毎年のように夏休みに現地調査に参加しては、優先生のような弁護士になりたいとの思いを強め、司法試験に合格したら熊本中央法律事務所に入所すると決意を固めたのです。

背中を押されて事務局長へ～川辺川住民訴訟

熊本中央法律事務所に入所して優先生と初めて取り組んだ事件は、ダム利水推進に固執する川辺川総合土地改良事業組合の解散を目指して、同組合への公金支出の違法性を問う2つの住民訴訟であり、1つは菅一雄弁護士が事務局長を務め、私がもう1つの訴訟の事務局長を務めました。私は2007年12月下旬に弁護士登録をし、川辺川の原告団・弁護団会議に参加するようになったのですが、弁護士登録をして間もなく会議の中で住民訴訟の話があり、優先生から「久保田さん、事務局長ね」との一言がありました。まだ弁護士になって1～2カ月かそこらの一般事件もままならないような状況で、事務局長という役割を果たせるかとの不安もありましたが、「考える必要はない」「臆することはない」と優先生から背中を押され、２００８年３月３日に提訴しました。なお、熊本中央法律事務所に入所した先輩弁護士たちは、若手でも大きな事件に中心的役割で取り組むということはむしろ当然という感覚を持っており、ある意味スパルタではあったのですが、なるほどこれが優先生が育てた弁護士事務所なのかと腹を括りました。今思うと、こういった経験が自分で闘える弁護士に成長しなければならないという自立心を育んだことは間違いがなく、感謝しています。既に２００７年に事業主体である農水省は事業休止を宣言しておりましたので、住民訴訟はダム利水推進の動きを完全に止めるための運動的訴訟であり、「徹底的に相手の動きを封じるためには粘り負けしないことが大事」「我慢比べだよ」言われました。優先生は、多くの闘いにおいて、仕組みを変えるためには法廷の内外で目に見える形で動きを作り続けることが大事だと言われており、多くの人を巻き込んでこれを実践されていました。並大抵の努力ではなかったと思いますし、実際にいくつもの事件を抱える中、手を抜くことなく会議、執筆、情報収集、調査等に時間を割いておられました。解決に、時には何十年と時間がかかることもありますが、人を巻き込んで動きを作り続けていく優先生の精神とバイタリティには感服するものがあり、粘り強さと諦めない力だけは私も優先生に倣って持ち続けたいと日頃から思いながら仕事をしています。

初心と優先生の言葉を胸に

優先生とは、以前、熊本中央法律事務所に在籍していた小野寺信勝弁護士を中心とした中国人の実習生問題や、私が事務局長を務めたNEC重層偽装請負事件などにも取り組みました。社会的弱者の立場にある労働者の闘いを、一労働者の個別救済にとどめることなく、仕組みを変えるための闘いと位置付けた闘いでした。

熊本で取り組んだ実習生問題は実際に制度を変える大きな契機となりました。NEC重層偽装請負事件は残念ながら結果こそ出せませんでしたが、同じ問題を抱える各地の闘いとの連携を生み、また原告のうちの一人は共に闘う労働組合の専従となりました。優先生は若い弁護士達に闘いを任せながらも、水俣病やハンセン病など数々の闘いの中で培った経験を惜しみなく伝え、大きな後ろ盾となって支えて下さいました。

優先生は、人が作った仕組みは変えることができるし、それは今生きている私たちに課せられた責務であり、物事を解決する集団である弁護士が先頭に立って頑張らなければならないとメッセージを

川辺川住民訴訟。法廷に向かう板井優弁護士

発してこられました。それに触発された多くの弁護士たちが、各地で闘いを続けています。優先生からは折に触れて「頑張れ、頑張れ」「闘え、闘え」と声を掛けて頂きました。社会の中にある問題に目を背けることなく、頭を使って考えて、多くの人と手を携えて、粘り強く問題解決に取り組んで行って欲しいとの激励であったと受け止めています。

〝言うは易し行うは難し〟で、乗り越えて行かなければならない課題はたくさんありますが、優先生のような弁護士になりたいと思った初心と優先生からの言葉を胸に、これから先も一つ一つの事件解決に取り組んで行かなければならないと思っています。

関連書籍

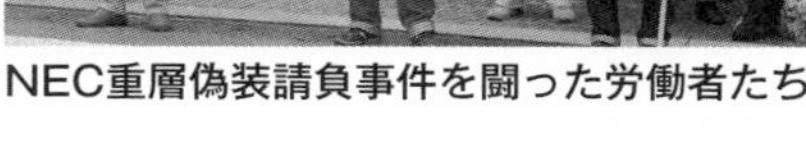

NEC重層偽装請負事件を闘った労働者たち

社会を変える信念を持って

松岡　智之

板井優先生との出会い

私は、２００８年12月に弁護士登録をしました。弁護士登録直後からノーモア・ミナマタ訴訟の弁護団に参加させていただき、板井優先生とは、新旧弁護団が参加する弁護団懇親会で初めてお会いし、挨拶をさせていただきました。新人の私はとても緊張しており、どのような会話をしたか詳しくは覚えていませんが、一つだけ強烈に記憶に残っているのが、板井優先生が、「私は弁護士ではなく、社会を変える運動家だ」とおっしゃっていたことです。新人の私にとって弁護士が「社会を変える」というのはあまりにスケールの大きな話であり、強烈な印象として残っています。

原爆症認定訴訟での闘い

２０１１年からは、板井優先生が弁護団長をされた原爆症認定訴訟で一緒に弁護団として闘わせていただきました。その頃から、弁護団会議や懇親会で板井優先生といろいろなお話をさせていただくようになりました。一緒に集団訴訟を闘っている際に、私がもっとも感銘を受けたのは、法廷や門前集会での板井優先生の独特のオーラです。あのオーラは、長い年月、正義のために闘い続けた板井優先生にしか出せないものだと思います。

板井優先生の法廷での発言で裁判の流れが変わったことが何度もありましたし、国側の代理人が板井優先生の迫力におされて萎縮する場面もありました。一度、板井優先生が、白い髭を伸ばして裁判所に来られたことがあったのですが、その姿は歴史上の革命家のようで、報告集会での挨拶はすごい迫力でした。

約12年間弁護士をやっていて感じているのは、裁判は、それまでの判例や証拠に基づいて結論が決まっていくことがほとんどだということです。それまでの判例の枠を超える判決に出会うことはほとんどありませんし、私自身もそれまでの判例や学説の枠組みの中での主張に終始してしまっているなと感じております。

しかし、板井優先生が、水俣病訴訟や原爆症認定訴訟で成し遂げられてきたことは、それまでの判例の枠を超え、司法の力で社会を変える運動だったと思います。板井優先生は、原爆症認定訴

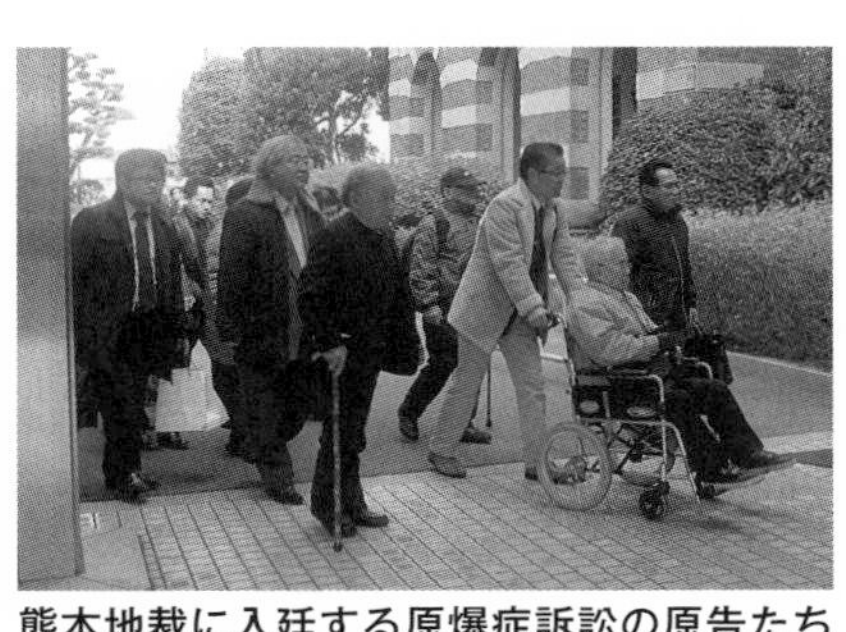

熊本地裁に入廷する原爆症訴訟の原告たち（一番左が松岡）

訟の最後の口頭弁論で、「私どもは、御庁が被爆者救済の立場から歴史を切り開く判決を出すことを心から期待し、その判決をもって新しい認定基準を実現していきたいと思っています」と意見陳述されました。歴史を切り開いてきた板井優先生だからこその、重みのある言葉だったと思います。

板井優先生から、弁護士も、信念を持って闘えば、裁判所を変えられる、社会を変えられる、歴史を切り開くことが出来るということを、私は教えていただきました。

独立の際にかけていただいた言葉

私は2011年10月、31歳の時、独立開業しました。独立開業のご報告をした際、板井優先生からいただいたのは、「松岡さん、まずは頑張って稼げる弁護士になりなさい。困っている人々のために闘うためには、まずはあなた自身が強くならなければならない」という言葉です。独立して10年経ちますが、私はこの板井優先生の言葉のおかげで、背伸びをせず、地に足をつけて弁護士の仕事をしてこられたと思います。独立後、苦しい時、私は板井優先生のこの言葉を思い出し、「強い弁護士になるため」と自分を鼓舞しておりました。今でもとても感謝しております。板井優先生は、本当に若手の弁護士にも寄り添ってくれる優しい先生でした。

新幹線での思い出

法廷では迫力のある板井優先生ですが、お酒を一緒に飲む時はとても楽しかったです。板井優先生の過去の裁判に関する思い出話は、私たち若手には想像出来ないほど破天荒な逸話ばかりであり、聞いていてとても楽しかったです。一度、福岡方面から熊本駅に向かう同じ新幹線に乗り合わせたことがあります。泥酔していた板井優先生は、笑いながら、私に上機嫌にいろんな話をしてくれました。

最後に、熊本駅で別れるとき、「私は君が好きだ。今度二人で飲みに行こう」と言っていただきました。二人で一緒に飲みに行くことが出来なかったことはとても残念です。二人で飲みに行って、もっといろいろな話を聞かせていただきたかったです。

私は、法廷で見た板井優先生の偉大な背中を忘れず、社会を変えるためにこれからも闘っていきたいと思います。

関連書籍

共通する事実をどう伝えるか

川邊みぎわ

私が初めて板井優先生の姿をお見かけしたのは、2012年1月、「原発なくそう！九州玄海訴訟」の提訴行動の時であったと記憶しています。

当時私は、佐賀で司法修習生として実務修習中であり、佐賀地方裁判所の真向かいに建つ検察庁の窓から、板井先生を先頭に弁護団・原告団の方々が裁判所へと行進していく様子を目にしました。

九州玄海訴訟は、2011年の福島第一原発事故を受けて、二度とこのような被害を繰り返さないため、日本から原発をなくすべく提起された訴訟です。板井先生は、その弁護団の共同代表を務めていらっしゃいました。

同訴訟の第1回口頭弁論期日には、私も司法修習生として傍聴しました。弁護団・原告団の意見陳述を通じて伝わる熱意と法廷の緊張感から、長く厳しい闘いが始まったのだということを肌身で感じさせられました。

弁護士を目指している時から弁護団事件に取り組みたいと思っていた私は、九州で弁護士になる以上、新たに始まった闘いである九州玄海訴訟の弁護団に加入することができればと考えていました。そして、板井先生が所長をされている熊本中央法律事務所にご縁があって入所することができ、弁護士登録後まもなく、九州玄海訴訟の弁護団にも加入しました。

九州玄海訴訟では、すべての原発の廃炉を求める市民の声を裁判所に届けるため、当初より原告団の拡大に力を入れていました。その原告数は2015年には1万人を突破し、国内最大級の大型訴訟となっています。

また、各地の原発訴訟弁護団・原告団との連携も重視しており、板井先生は、他の原発訴訟の期日などの際には誰よりも頻繁に現地へ向かい、全国各地を飛び回っていらっしゃいました。

他方で、弁護団会議の場では、板井先生は他の弁護士たちが議論する様子を見守る場面が圧倒的に多かったように思います。もっとも、議論が違う方向へ行きかけていると感じた時などには諭すように発言され、軌道修正して下さっていました。後輩弁護士たちの成長と、この訴訟があるべき方向へ進むことの双方を願っての対応だったのだと思います。

板井先生は、私のような若手に、弁護士として活動していく上で大切な話を折に触れて語って下さいました。「人それぞれに価値観は違うけれども、事実というものはどの人にとっても共通だから、事実をどう伝えていくかが重要である」「裁判は、各当事者と裁判所とが協力し合って問題を解決する場である。だからこそ、相手方のこともよく知らないといけないし、裁判官が安心して判決を書けるようにするために何が必要かを考えないといけない」…国家権力を相手取る訴訟をどう闘うか、訴訟を通じて世の中の仕組みをどう変えていくかということを、周囲に語り、著書にし、何より自ら行動することで示されてきました。身を削って行動し続けてもなお、解決すべき問題が多く残されていると感じられていたから、後の人にどう引き継いでいくかも常に考えていらっしゃったのだと思います。

板井先生が解決への道を切り開いた大きな事件は数多く存在し、その生涯における取り組みは、弁護士一人の本来のキャパシティをはるかに超えるものです。この原稿を作成しながら、板井先生が果たされた事の大きさを一体どうお伝えしたらよいのか、非常に難しく感じ、歯がゆい思いをしています。ただ、その問題解決に向かう姿勢とお人柄に多大な刺激を受けた弁護士、当事者、支援者は非常に多く存在しており、それぞれに板井先生のご遺志を引き継いで今も各地で闘いを続けていることは、確かな事実です。

弁護士が一つの事件を受任し解決に至るまでには、多くの時間とエネルギーを要することが少なからずあります。自分の心身のバランスを保ちながら、同時に抱えている多数の事件一つ一つに十分注力し、解決へ繋げていくことは、弁護士としての経験を何年積んでも決して容易ではありません。

板井先生がよく口にされ、追求していらっしゃった、「人権回復のために世の中の仕組みを変えること」。そのことに私自身が一弁護士として本当の意味で貢献できるようになる時は、まだ遠い将来のことなのかもしれませんが、少しずつでも着実に前進できるように、目の前のことに真摯に向き合っていきたいと改めて感じています。

関連書籍

職域を超えた団結の力

髙島　周平

私は、２０１５年12月に熊本中央法律事務所に入所しました。優先生が体調を崩される２０１８年春頃までの約2年間、優先生と一緒にお仕事をさせていただきました。

「一人の千歩よりも、千人の一歩」という優先生の有名な言葉があります。私は、優先生と一緒に弁護団事件をさせていただいた経験はありませんが、優先生から、団結の力を学ばせていただきました。

私は、入所してすぐ、優先生にお誘いいただき、佐賀地裁であった「なくせ原発！九州玄海訴訟」の期日に行きました。そこには、たくさんの弁護団の先生、原告の方、支援者が参加していました。その時は、原告数が1万人を突破した直後でした。私は、これほどたくさんの人が参加した裁判を初めて見ました。

その他にも、川辺川ダムの弁護団会議、水俣病裁

髙島が入所した直後に熊本地震の被害に遭った

判のブックレット（韓国語版）の編集会議などにも参加させていただきました。学者の先生や市民団体の方などが参加し、議論を繰り広げていました。当時、私は、深く考えていませんでしたが、弁護士が他業種の人を集めて活動をするというのは珍しいことです。様々な職業の人を集めて団結させる優先生の力は凄いものです。

私は、約2年間しか一緒にお仕事をすることができませんでしたが、優先生の下で貴重な経験をさせていただきました。今、熊本中央法律事務所に所属し、弁護士の仕事をしている私ができることは、優先生が築かれた熊本中央法律事務所をより発展、永続させること、優先生の意志を引き継いで社会的事件、弁護団事件に取り組むことだと考えています。もちろん私一人では成し遂げることはできませんので、熊本中央法律事務所の弁護士や事務員、他の事務所の弁護士、原告、支援者たちと協力しながら社会正義の実現に向けて仕事を続けていきます。

かえでの森不当解雇事件の勝利報告集会にて

最も困難なところに最も良い仕事がある

石黒　大貴

私と優先生の出会いは、優先生のご次男と私の姉の結婚がきっかけでありましたが、こんなにも幸福なことはなかったのだと思います。初めてお会いしたころの私は、司法試験受験を翌年に控えた受験生であるにもかかわらず、危機感が今ひとつ足りない学生でした。このままでは司法試験に合格しないだろうと半ば諦め、弁護士以外の仕事でどのように生きて行こうか漠然と考えるようになっていました。当初、知的財産法を取り扱う弁護士になることを目指して神戸大学法科大学院に進学した私でしたが、周囲の秀才たちとの実力の差を目の当たりにして、すっかり自信を失っていたからです。そんな鬱屈とした日々を送っている私でしたが、優先生との出会いをきっかけとして私の人生は変わったのだと思います。

「最も困難なところに最も良い仕事がある」という優先生の座右の銘の通り、権力を相手に社会の仕組みを全力で変えて来られた姿、そんな優先生の背中を追いかけて奮闘されて来られた熊本中央法律事務所の諸先輩方を目の前にして、これまでの軽薄な思考に恥じ入り、目標とする弁護士像にたどり着いた気がしました。目標を持つ力が作用したのか、司法試験に無事合格することができ、

２０１７年12月に熊本中央法律事務所への入所をお許しいただきました。

私が優先生と一緒に仕事ができたのはそれから1年半ほどしかありませんでした。他の皆様に比べて、優先生との思い出は少ないですが、その分一つ一つの思い出を大事にしていこうと思っています。優先生が生前、「彼は面白いやつだ」と仰ってくださったことがありました。

その意味は何なのか未だにわかりませんが、褒めていただいたのだと勝手に自負しております。「大変な事件でも前のめりで取り組む面白い弁護士が熊本にいるらしいぞ！」と皆さんから言っていただけるように、困難な事件から逃げずに立ち向かい続ける弁護士になりたいと思います。

優先生、バトンはしっかりと受け取りました。安らかにお休みください。

板井優弁護士が最後に写った事務所ニュース写真
（前列右から2番目が石黒）

遺稿「ヤナワラバー弁護士奮闘記２」

（古稀を祝う）

第1　勝つために闘う

2012年1月末に、「原発なくそう！九州玄海訴訟」を佐賀地裁に提起しました。原告は一昨年11月には1万人を超え、いよいよ、第1審判決が迫りました。そのようなときに、私は2018年3月末から、くわみず病院・国立病院に入退院を繰り返す中で、一応結審に向けての基調報告（案）を書きました。しかし、原告の方々はいろいろと意見があり、結局、私の文章は冒頭の挨拶となってしまいました。

私は原発差し止めの闘い（弁護団共同代表）を主に担当していますので、今回の奮闘記では、その闘いが中心であります。これは、豊田誠さんが公害弁連の現役を退くにあたってバトンタッチを頼まれたことが大きく影響しています。

私は、これまで受験時代から椎間板ヘルニアが悪化したこと（半年放っておいたので佐藤オリエの実兄・外科・担当医からきつく怒られる）、亜急性肝障害（原因不明）、そして今回の腹水（門脈が血栓で詰まる）の3回大病をしました。1回目は氷川下セツルメント病院で5か月（刑法総論の合宿前日に突然痛み消失）、2回目はくわみず病院と日赤病院で4か月半（その後、京大での生体肝移植予定の前日急遽回復。原因が痛風の薬による薬害と判明）、3回目は今回でくわみず病院と国立病院で6か月治療（現時点）で前2者は退院予定の前日に急遽よくなり、今回は何とかよくなって来ていますが、入院と自宅療養の繰り返しという形で未だ治療中です。

そこで、私なりに整理したのが以下の意見です。

1　依頼を受けた弁護士が一番早くしなければならないのは、どんなに小さなことでも歴史的かつ現代的な被害を掘り起こし、これを繰り返し被害者や国民世論にぶつけ被害者を鼓舞し、国民世論にこれを広げることであります。そして、単なる正義が勝利するのではなく、世論に裏打ちされた「力のある正義」が勝利することを前提に宣伝をしなくてはなりません。変えるべきは一人の裁判官ではなく、層としての裁判官の意識とその背景です。これはわが国が三審制度を取っている以上必要な闘いです。

要するに、被害者の歴史的要求を知るには、被害者に寄り添うことです。したがって、弁護士は、被害者に常に寄り添ってともに闘っていくことが必要にして不可欠です。どんなに困難な闘いでも被害者とともにあることが、闘いに勝利する一番基礎になることです。

「事実を、もっと事実を、さらに被害の事実」を裁判官に伝えていくことが闘いです。水俣病では、こうした被害の積み重ねの上に、現地検証で胎児性患者を見た裁判長が「今日の雨のように私の心の中にも雨が降っている」と裁判所のスタッフの前で話しました。ハンセン病の裁判でも私は水俣の経験から「その足で行き、その目で見、その耳で聞け。同じ人間と思うのであれば、その苦しみを我がことととして知るであろう」と意見を述べました。同じ人間として扱うかどうか、これが第一歩なのです。わが国でのハンセン病は絶対隔離政策を取り、死ぬまで療養所の中に隔離しました。「もういいかい　骨になっても　まーだだよ」という中山秋夫の狂句はまさにそのことを言い表しています。実に悲しいことですが…。

被害者が生きている以上、この被害者をおいてけぼりして弁護士は別の人生を生きてはいけないというところまで、私たちは闘うことを求められています。

水俣病の闘いの中で、心ならずも闘いから離れようと思った弁護士がいました。しかし、被害者が闘っているのにどうして自分だけが闘いを離れるのかと真剣に悩みました。そして、また闘いに戻ってきました。「この被害者を見捨てていいのだろうか？」。それがその弁護士が考え続けたことでした。

しかしながら、被害者は寄り添ってくれる以上に、闘いに勝つこと（要求の実現）を弁護士に強く期待しているのです。弁護士が「勝つために闘う」方針をどう打ち出すのか、まさにそのことが問われます。その意味で、負けたらまた闘えばいいさという時間的ゆとりは被害者にはありません。「生きているうちに救済を！」というのが被害者の願いなのです。では、弁護士は一体どうしたらいいのでしょうか。

2　どうしたら、勝つことができるのでしょうか。まず、被害者が集団となって結集すること、その力をもって解決を阻むものにぶつけていくことです。したがって、被害者が結集するエネルギー（解決の基礎）と、そのエネルギーをして解決を阻むものにぶつけていくこと（解決の方向）を明らかにすることです。その具体的な方策は、「支援」が必死に考え具体化することです（したがって、弁護士はまさに勝つために「支援」を作ることが必要にして不可欠です）。

もちろん、解決の方向には解決を阻むものに対する具体的な要求を入れる必要があります。したがって、「被害者」「弁護士」「支援」が三位一体となって闘えるよう、弁護士はそれぞれの闘いを創り、協力し合う関係を作っていくことを日頃から求められているのです。被害者の要求に保守も革新もありません。特に、原発については、保守層や業界・財界（世界各国）の意識を経済的合理主義の観点から、どうやって、横並びになって要求を加害者にぶつけていくかが論点です。

水俣病・川辺川ダム（利水事業）・ハンセン病・原爆症裁判はいずれも国（行政）の政策を変えさせる闘いです。どうやったらそれが可能だったのでしょうか。ごく僅かな推進勢力以外はこちらの味方につけるか、中立化するしかないのです。地方自治体を取り込むことがまさに闘いに勝利する近道でした。

しかし、原発差し止めはわが国の中で「核の平和利用」という掛け声で、行政が国会と政党を巻き込み強固な国内法を整備した体制を作ったばかりか、世界的にも大企業が原発こそが二酸化炭素を出さないクリーンで安いシステムであるとして、原発を推進するという大掛かりな仕組みの中で原発による発電政策は始まりました。まさに、「原発の安全神話」を振りまいて鳴り物入りで始まったのです。

したがって、国際ルールを変える闘い（財界・業界の経済的合理性―原発よりも再生可能エネルギーの方が安い―に変えさせる闘い）をしない限り、勝利はありません。戦争はまさに公害であり、原発被害は戦争に勝るとも劣らない巨大な公害なのです。もちろん、わが国でかつて体験した形での公害ではありません。一体どうしたらいいのでしょうか。しかし、アメリカのスリーマイル島の原発事故、ソビエトのチェルノブイリ原発事故を経てわが国の福島で起きた原発事故は、「原発の安全神話」から原発は「必要悪」へと人類の認識が変わりました。再生可能エネルギーは不安定電源であり、問題はあっても「必要悪」として原発は評価されるべきとする考え方です。

これに対して、再生可能エネルギーの弱点を政策転換で保護育成すべきとの考えがわが国の外務省も含めて大きく台頭してきています。

近年、国連等で原爆被害の恐ろしさを再評価する動きが強まっています。したがって、被爆者と手を繋ぎ国連等の政策を変えることを前提にこの問題を解決することが勝利への近道です。ここでの合言葉は、原発は「必要悪」ではなく核と同様に「絶対悪」であるとする国際世論の確立です。

わが国では、裁判で原発の被害を「人損」ではなく「物損」としてとらえる傾向にあります。原爆では「人損」としており、これを社会的に早期に克服することが求められています。

戦争中までの大日本帝国憲法制度では、戦争をするかどうかは天皇が決めるとし、かつわが国の司法は軍事と行政から外されていました。しかし、戦後わが国の司法は軍事と行政をも、裁判所が単独で行使することが出来る様になりました。しかしながら、日本国憲法でも司法は天皇の国事行為たる戦争について意見を言う立場にはありません。日本国憲法は、天皇の国事行為には「内閣の助言と承認」をもとにとあり、司法は含まれていないのです。

だが、司法の民主化は可能となったのです。四大公害裁判はその転機だと言っていいでしょう。しかしながら今、司法官僚を含む官僚の人事権を事実上行政（財務省から内閣府へ移管）が握る時代となり、トルコではすべての裁判官が解任され、わが国でも裁判官の給与を一律に国会が引き下げるという事態となりました。まさに、憲法上の制度的な「司法の危機」です。しかし、昭和40年代には、わが国ではいわゆる雑誌『全貌』を中心に「司法の危機」を叫び、人事権を使って裁判官をコントロールする動きが出されました。しかしながら、四大公害裁判の闘いはこの動きをある程度封じました。その意味で、私たちは官僚統制を一定程度封じ込めた経験を持っています。

かつて、1970年代の初め頃、闘いに勝利した学者・研究者が硫黄酸化物を出す工場の煙突などに「脱硫黄装置」を取り付けるなどの闘いの成果を上げました。今、原発でも放射能を出す装置は要らないことを人類の財産にしなくてはなりません。そのためにも、被爆者と手を繋ぎ国連で世界中の人たちと団結することです。そのための統一要求声明と署名を早急に作る必要があります。原爆と原発は放射能で結ばれ、経済的合理性から再生可能エネルギーの方が安いということを全世界に早急に広めることです。その意味で原発は必要悪ではなく、「絶対悪」なのです。そういう要求をどんどん国連や国際機関に出すことが重要です。

もともと司法には個別具体的な事件を通じてものを解決するという制限があります。しかし、弁護士はもの（制度としての人権侵害）を解決する集団であります。個別の事件解決の範囲を闘いを通じて広げてきました。そして、この解決の範囲には、大企業であれ、国であれ、時として国際的な財界をも含むルールも入っています。

その意味で、弁護士は日本国憲法を含む法律を熟知し、これを使いこなし被害者や支援にもその方策を広げていくことが求められています。例えば、行政の中での各省庁の関係（例えば、国交省と農水省）、行政と国会との関係、行政と私企業との関係、中央政府が地方自治体を統制するための補助金を使った政治の実際などもそうです。

しかし、勝つためにどのような闘いも時として相手の力が強すぎるために歴史的限界として、その時点で要求を実現できない時があります。これにどう対処した方がいいのでしょうか。

3　闘いの方向を決して諦めてはなりません。ここでは、英語で言うところの「ネバー・ギブアップ」の決意が求められます。

沖縄に「ヒヤミカチ節」という島歌があります。沖縄戦で荒廃した沖縄と人々の心を奮い立たせたいと、平良新助が作った歌詞に、山内盛彬が曲をつけたといわれます。その一節に「七転び転でぃ、ヒヤミカチ起きり、我した此ぬ沖縄、世界に知らさ、世界に知らさ……ヒヤミカチウキリ」。「えい」と気合を入れて掛け

ヒヤミカチ節（琉球民謡）

作詞：平良新助
作曲：山内盛彬

名に立ちゅる沖縄
宝島でむぬ
心うち合わち
う立ちみそり　う立ちみそり
ヒヤ　ヒヤ　ヒヤヒヤヒヤ
ヒヤミカチウキリ
ヒヤミカチウキリ

稲粟ぬなうり　ミルク世ぬ印
心うち合わち
気張いみそり　気張いみそり
ヒヤ　ヒヤ　ヒヤヒヤヒヤ
ヒヤミカチウキリ
ヒヤミカチウキリ

がくやないしゅらさ
花や咲ち美らさ
我した此ぬ沖縄
世界に知らさ　世界に知らさ
ヒヤ　ヒヤ　ヒヤヒヤヒヤ
ヒヤミカチウキリ
ヒヤミカチウキリ

我んや虎でむぬ
羽ちきてぃたぼり
波路パシヒック
渡てぃなびら　渡てぃなびら
ヒヤ　ヒヤ　ヒヤヒヤヒヤ
ヒヤミカチウキリ
ヒヤミカチウキリ

七転び転でぃ
ヒヤミカチ起きり
我した此ぬ沖縄
世界に知らさ　世界に知らさ
ヒヤ　ヒヤ　ヒヤヒヤヒヤ
ヒヤミカチウキリ
ヒヤミカチウキリ

声をかけて立ち上がりなさい、という意味です。これは、「平和」と「豊穣」を願い、戦後作られた島歌です。

2018年8月翁長雄志前県知事が遺言ともいうべき「辺野古新基地への反対意見」を述べて亡くなりました。彼は大道小学校で私の一期後輩にあたり、彼の父親翁長助静も保守派の政治家で戦争中まで「沖縄翼賛会」幹部でした。沖縄の南部戦線で彼の父親（雄志の祖父）は艦砲射撃でそれこそ息子の目の前で木っ端微塵で亡くなりました。

この島歌は、復帰運動が始まる今から50年以上も前に校庭で全琉の生徒の前で歌われたものです。あれから約50年以上人々を励まし続け、闘いは次世代・歴史を超えて続いていきます（被害がある以上闘いがあります）。

第2　沖縄のこと

1　はじめに

約40年前の熊大1年生の夏休み、朝、初めて国費留学生として上陸した鹿児島（いずろ港）から貨客船「沖縄丸」で出発し、約24時間かけて沖縄那覇港に向かいます。甲板で新鮮な空気を吸おうと船底の客室から甲板に上がると、トビウオの群れが船と競争するようにそれこそ何十尾も海面を低く飛んでいます。よく見ると、貨客船の前部の甲板（前部船体が凹字に落ちている型）にトビウオが十数尾も打ち上げています。

これが、最初に日本本土から沖縄に帰った時の九州から沖縄までの海の記憶でした。

2　沖縄・琉球はどこにあるのか、そしてジョークなど

沖縄はどこにあるのか?—日本本土の南方海上です。確かにそうです。しかし正確には、そうではありません。日本列島は四つの大きな島からできています。北海道、本州、四国、九州（本土）です。熊本には台地状の阿蘇山があり、約１５００メートルで台風と同じ高さです。気候は温帯と言われています。その九州の南に、種子島・屋久島があります。ここまでは、元々の鹿児島の圏内です。しかし、１９４５年の米国の占領で、北緯27度線より北（与論島から喜界島）までは鹿児島県に入りました。

その南側にある、喜界島・奄美大島を経て与論島までが１６０９年の薩摩進入（侵略）により、薩摩の圏内に入り琉球王国の領土から切り離されました（この時に奄美・徳之島の農民たちは相当な死傷者を出して戦ったようです）。

その頃琉球は、武器もなく軍隊もいない王国とされていました。しかし、現実には約3000人の軍隊があったようで、主に那覇港を守っていました。薩摩軍は、奄美大島や徳之島では農民の攻撃に遭い、沖縄本島北部の屋我地（現在はハンセン病療養所がある）付近に上陸しましたが、それからは海路那覇へ行く部隊と、陸路首里城に向かう部隊があり、那覇港は琉球王国軍により防衛されました。しかし、薩摩軍は浦添の「ゆうどれ」（主に第一尚氏の墓）を焼き払い、そこから石畳の道を首里城攻撃に向かいました。薩摩軍は日本の戦国時代で練度がまさり、しかも鉄砲を持っていました。この時に、首里側は約100人で反撃をしますが、問題になりませんでした。「ポーのサチからピがインジィティわが鼻打ちクダちゃん」（棒の先から火が出て私の鼻を打ち砕いた）ということが、当時のこととして伝わっています。

与論島より南側にある沖縄本島・大東島、そして八重山・西表・与那国・波照間島（台湾の西寄りにあり、北緯24度で、有人島としては沖縄の最南端）はかつての琉球王国の支配下にありました。ここは亜熱帯気候とされています。そして、宮古・八重山・西表・与那国島などは、先島と呼ばれています。第二尚氏の尚真王の時代の1500年2月には八重山（オヤケ・アカハチが指導者）などが琉球王朝の軍事進攻で、続いて1510年に与那国島が琉球王国の実効支配下に入りました。

沖縄は、その意味では東シナ海と太平洋に挟まれた細長い海洋諸島です。東と西で約900キロ、南北に約400キロという範囲内にあり、南西諸島とも呼ばれています。その中で一番大きな島が沖縄本島です（『キジムナーＫｉｄｓ』上原正三著、『沖縄学の父　伊波普猷』『新書　沖縄読本』下川裕治著など）。ちなみに、沖縄では南・北・東・西の呼び方が変わります。北は「にし」、南は「はえ」、東は「あがり」、西は「いり」です。これは太陽を基準にした呼び方で、日本本土から吹く寒い北風のことは「みー・にし」と言います。

私が、国費留学生で沖縄を出るまでに一番寒かったのは7度でした。要するに、底冷えではなく寒風による寒さなのです。雪は当然見たことはありません。

ここで、ジョークを二つ紹介します。いわゆるカルチャー・ショックの話です。

大阪市内で自転車に乗っていた沖縄人が人を撥ね倒しました。その時「やましたか？」と言うので被害者が「いいえ、木下です」と何度も答えたというのです。沖縄人は悪意からそう言ったわけではなく、方言で「病ましたか（怪我したのか）」と聞いたのです。沖縄の方言には日本の平安朝などの古い言葉が多いのです。

次に、基地の金網の内側にある黙認耕作地（基地はアメリカが所有権を行使しているとしているが、農民は自分の耕作地として耕作）で耕作をしていた沖縄人が、通りかかったアメリカ軍人が畑を荒らすので「ワタームンドー（私たちのものだ）」と言いました。すると、アメリカ軍人は「ナイン・トゥレートゥレー」と答えました。これに対して、沖縄人は「クレー、ワタームンドォ

（これは私たちのものだ）」と抗議をしました。時間を聞かれたと思いアメリカ人はブロークン・イングリッシュで「9時22分」と答えただけでした。結局は、沖縄語と英語の意味の取り違えでした。

3　沖縄のこと、そして沖縄戦

本稿は「ヤナワラバー（悪ガキ）弁護士奮闘記」の第2弾で、主に、沖縄のことと夫婦のこと、原発のことを詳しく書いていますので、皆さんはおそらく初めて聞く話なので、面食らってしまうのかもしれません。理解しがたい「系図」のことは読み飛ばしても結構です。

琉球が沖縄とよばれたのは次の経緯によります（書物上では沖縄のことを次のように触れています）。古書には阿児奈波（オキナワ）、悪鬼納（オキナ）、倭チ拿（ウチナ）と記され、『南島志』新井白石著には沖縄の字が出ています。『沖縄志略』伊地知貞馨（いじちさだか）（1826〜1887、明治時代の官僚）著には、「邦人洋中を沖と称す、其地東西に狭く南北に長く洋中に縄を浮かべたるが如きを以て名づけしならん」とされています。

沖縄戦（鉄の暴風）

米軍が1945年沖縄に上陸・占領するというので沖縄では前年にいくつかの師団を集めて三二軍が編成され、首里城の地下に司令部がつくられ、それだけでは足りず当時の旧制高校生・女学校生以上の者たちも動員されました。米軍は同年3月末に沖縄本島から見える慶良間列島に上陸・橋頭堡を築き、同年4月沖縄本島中部の読谷に上陸をしました。守備軍は兵力不足もあり海岸での攻撃は諦め、本島中南部にある首里城の地下本部壕を中心に対応、北部は本部半島（嘉津宇岳）・伊江島に独立連隊を組織しました。

ちなみに、旧日本軍（熊本からの軍隊が中心）は、大正年間の図上演習でも同じシナリオ（立てこもり戦略）で闘いを組織して学徒も動員して、当時の地元のマスコミにも報道されています。しかし、その被害はあまりにひどいものでした。その意味では、沖縄での闘い方には過去に先例があったのです。

去った沖縄戦では、米軍の死者が約1万2500人、日本軍が約9万人、住民の死者が約15万6000人（日本本土における非戦闘員死者29万9485人）であり、いかに多くの非戦闘員が死亡したかがわかります（岩波新書『沖縄のこころ』大田昌秀著　210頁）。沖縄ではこの経験を踏まえて大きな教訓ができました。

なお、那覇空港近くにある海軍壕で闘った「大田実『海軍』少将が中央政府にたいして、『沖縄県民斯ク戦エリ、県民ニ対シ後世特別ノ御高配ヲ賜ランコトヲ』」と打電したにもかかわらず、その願さえも、ついにかなえられることもなかったことは周知のとおりであります（岩波新書『沖縄のこころ』大田昌秀著　211頁）。

戦争ではなく平和への道を歩むこと、それは沖縄がこの戦争で学び取った最大の教訓です。特に、沖縄戦が沖縄本島首里（中南部の首里城）の地下壕陣地（第三二軍）での闘いに敗北し、住民の避難者の多かった本島南部（首里から摩文仁ヶ丘を最後とする南部戦線）で闘われたことが、沖縄戦の終結を遅らせ本土の防衛体制造りの時間稼ぎに使われたことは明らかですが、住民の命を軽視した作戦は絶対に許されるものではありません（なお、米軍の総司令官バックナー中将はこの戦線で撃たれて死亡した）。

私たちは、こうした立場から「ヌチ・ドゥ・タカラ」（命は宝）という教訓を今後大切にしなくてはならないと思います。これに、特に反対の人はいないと思います。

4　琉球の歴史

ところで、㈶海洋博覧会記念公園管理財団『首里城（甦る琉球王国）』によると、沖縄の国王が自らを国王と名乗ったのは1187年に舜天（浦添グスク、本島中部）、1260年英祖（浦添グスク）、1371年察度（浦添グスク）、1406年思紹・尚巴志（第一尚氏・1429年三山統一）、1470年尚円（第二尚氏・第一尚氏による禅譲）です。

そして、1609年第二尚氏尚寧王の時代に薩摩の琉球進入（侵攻）、1879年琉球処分（熊本からの日本軍の進駐・沖縄県誕生）、1945年6月23日沖縄戦の後に米軍の沖縄占領による支配者の交代、1972年本土（日本）復帰となっています。これが、近年の沖縄をめぐる権力関係の移り変わりです。

ちなみに、琉球処分の際、明治政府は琉球王国にいろいろと要求を出しますが、琉球王国は軍事基地を置くということについては、小さい国に軍事基地を置けばかえって戦争の口実にされるという理由で同意しませんでした。

この間の様子を「唐（とぅ）の世（ゆー）から大和（やまとぅ）の世、大和の世からアメリカ世、アメリカ世から大和の世」と沖縄では歌い、言われています。

もっとも、それ以前のグスク時代までは琉球の中に按司（＝支配者）などによる何らかの権力があったことは事実のようです。新しく権力を握った中国の皇帝（明・洪武帝）が使者を直接来航させ、中国との朝貢貿易を勧めたのは察度の時代とされています。これに応じたのが、察度王です。

ところで、第一尚氏以前、日本本土の権力が直接琉球に来た史料もなく、琉球人はどこから来たのかについて疑問があるところです。確かに、山下洞人（約3万2000年）、湊川人（約1万8000年）の石器時代の歴史が沖縄にあったことは事実であります。これについて、「沖縄学の父」と言われる伊波普猷はアマミキヨという神が沖縄の島々をつくったとする「おもろ」が古事記の記載とほぼ同一であることを知り「アマミキヨ」とは奄美大島の方から来た九州本土東部の漁民であると断じます。これについて、学者や研究者の中で当時そのような断定ができる状況ではなかったと厳しい批判もなされています。その意味では、学問的には判断する資料が足りないといえます。

ところで、台湾東部に黒潮に乗って南方（フィリピン・インドネシア）から人が移り住みました。沖縄では古い時代に、死亡した先祖の肉を遺族たちが食べていましたが、豚肉に切り替えたという話が巷（ちまた）にあります。これをもって、この地域に食人の風習があったと思った人もいたでしょう。

中国の『隋書』（607年隋の使者がこの地に来たとの記載『シリーズ知っておきたい沖縄』）を含む中国の歴史書には、台湾を小琉球（小流求）、沖縄を大琉球（大流求など）と記載されています。そのせいで、「流求」が台湾か、琉球を指すのか明確ではなく、現在『隋書』はわが国では歴史を解明する資料として取り上げられていません。

このこともあってか、当時「鬼ヶ島」と言われた喜界島より南側にはあまり人は行かなかったという話もあります。その意味では、この地域は永く歴史的には「空白」地帯ということになります。

ところで、俗謡に「谷茶前」という歌と踊りがあります。ここでは「スクガラス」（醱酵した塩）のことが歌われています。沖縄ではスクガラス（スク＝醱酵した、ガラス＝塩）という魚醤（ぎょしょう）・わが国東北のショッツル、ベトナムのニョクマム、韓国のキムチ、ヨーロッパのアンチョビーと同じようなもの）のことで沖縄では泡盛のつまみです。その歌詞は「谷茶めーぬぅ浜にするるがぁがゆてちゅうんどうへーぇ」、「するるぐぁやあらん大和みじゅんどぅやんでぃんどうへーぇ」という歌詞で「谷茶前（たんちゃ）の浜にするる（イワシの小魚）が来たそうだ、イワシではなく日本のバリの小魚だということだ」とあり、この歌は黒潮文化として日本と沖縄が海の上で繋がっていることを事実上認めています。

黒潮文化は牛深ハイヤ節をへて黒潮に乗って日本列島を南から北へ北海道の江刺追分まで続いています。但し、東側の三陸海岸では親潮が支配しているため、黒潮文化はここで切り離された形になっています。また、沖縄から南（フィリピンと台湾東部の台湾側）にも黒潮文化があります。

天草の「牛深ハイヤ節」（牛深か本渡かではなく）にとどまらず、「オケサ節」（これも黒潮がもたらした民謡の一つ）も含めてこの事実を素直に認めることが、わが国が世界により大きく飛躍するうえで、大事なことだと思います。

5 琉球大交易時代、水俣と沖縄と

ところで、沖縄の第一尚氏の尚徳王が、喜界島を約3000人の兵で占領したという歴史があります。もっとも、尚徳王はそうした膨張政策などでなくマラッカ海峡に貿易船を派遣し、中国をはじめ日本・朝鮮・当時のアジア諸国と交易し貿易国家として繁栄を極めていました。その内容は、万国津梁（ばんこくしんりょう）の鐘（戦後米国から返還され、現在沖縄にある）に刻まれているところです。ここには官僚主導型の国際貿易を行う琉球王国がありました。沖縄では長い間、この貿易は、民間主導型と誤解されていました。いずれにせよ民間主導型形式の貿易は次第にすたれていきます。

グスク（後に石垣の城となる）時代には三山（北山＝今帰仁城、中山＝浦添城後に首里城、南山＝大里城）時代、それ以前の各地の按司がグスクによった時代があります。この時代以降に本土から沖縄に来た人たちがいたとの記録もあり、これについて否定するような議論はあまり大きくはないようです。しかし、無視はできません。「メンソーレー」（いらっしゃい）という沖縄方言があります。これは室町言葉の「面相らえ」から来ています。なぜか本土の古い言葉が沖縄方言になっている例が多いのです。

喜界島、奄美大島から帆船を出すと沖縄本島北部（伊平屋島・伊是名島）に行きつくという説もあります。しかし、これをもって、沖縄の先祖神アマミキヨ（琉球人の先祖を造ったとされる神）と決めつけることに大きな異説もありました。今のところ、琉球人がどこから来たのかは学問上は不明です（ＮＨＫはホモ・サピエンスが南＝台湾から日本＝沖縄の先島に渡ったとの方向で取材しています）。

もちろん、この議論と沖縄の久高島の沖にあるとされる「ニライカナイ」（海のかなたや海底にあると信じられる理想郷？）とは別のことです。

その意味で、私が沖縄から来て熊本・水俣の「水俣病問題」に取り組んだことは、不思議な縁と感じるところです。これは、妻八重子が水俣に行くことを決意し、私がこれを容認したことからこの「縁」は具体化したものであり、私の迷いも解決しました。

三山（沖縄本島）統一後、第二尚氏の尚真王の時代に、北は奄美大島、南は先島（宮古・八重山・西表・与那国）に琉球王国はふくれあがり、最大の領土を持ち、さらに明が鎖国政策を取る中で、琉球王国は日本と韓国・中国・東南アジアとの間で中継貿易を行い、王国を官僚主導型の貿易国としました（沖縄からは対匈奴戦用の使役馬を中国に送ったようです）。しかし、薩摩の琉球進入（侵攻）後は与論島から北側にあたる部分は薩摩の支配に入り、その分琉球王国は狭くなりました。そして、これが、そのままほぼ現在の沖縄県の範囲になります。

明治時代には、アメリカ大統領グラント（リンカーンの次の次）が日本に来たことから有名な「琉球二分割案」があり、沖縄本島は日本へ、先島は中国へという案が出ましたが、ある偶然の出来事で、この二分割案はなくなりました。

第3　二人のこと

1　私のこと、瀬長亀次郎のこと

私、具志堅優は、昭和43年3月沖縄の首里高校（旧制県立一中）を出て、熊本大学法文学部法科に昭和43年4月に入りました。

私は戦後、沖縄（本島）那覇市楚辺（そべ）で米軍の港湾作業員の子として生まれました。「沖縄は沖から見ると縄のようだ」という沖縄本島の姿から沖縄と名付けられたという島です。北側は火山性の山地（山原、ヤンバルとも言う）、南は首里を中心にした隆起性サンゴ礁の丘でした。そのせいで沖縄には鍾乳洞が多いのです。

サンゴ礁には、大まかに言って環礁・堡礁・裾礁の3種類があり、中に島がなく円を描いているのが環礁で、島があるのが堡礁、島から出ているのが裾礁ということになります。沖縄南部のサンゴ礁は大きく言って裾礁ということになります。ところが、沖縄本島の東側の山原方面には一部堡礁化しているサンゴ礁があります。辺野古や東村の大浦湾などがそうです。

ところで、「那覇軍港」は沖縄本島南部、那覇市の近くにあり、米軍港湾作業員用のテント小屋（那覇市楚辺にあった）の傍に沖縄刑務所がありました。その刑務所の赤レンガ塀の傍で瀬長亀次郎が売店をしていました。普通に商品を売るのではなくタバコは1箱をバラして1本ずつ、素麺も太タバを細い束に分けて売り、近所の子供たちの間ではこれこそお金のない貧乏人の味方（生き仏）ということで「カメジロウ」「カーミー」と尊敬され、うわさされていました。私は、話が長いセンテンスの後に急に落とすように自説を述べるカメジロウ独特の小気味のいい演説をよく聞きに行ったことを覚えています。大学2年生の時、カメジロウの戦後初めての衆議院議員選挙があり、私は山原の選対に応援に行きましたが、カメジロウは当選し、私は留年しました。

なお、台風が来ると米軍のテント小屋は吹き飛ばされます。刑務所だけが赤レンガで出来ており両親にとって台風の強風から唯一安全な場所でした。不思議な空間でした。台風の日に母が風にあおられ飛ばされ転んだところが、カメジロウの売店の前だったと母は述べています。私が生まれる3か月前で私は母のおなかの中にいました。

私は、東京都立川市にいた時に司法試験に受かり、親友（仙台出身）鈴木暁から実印を貰いました。東京都文京区湯島にあった司法研修所に入る前は水俣市白浜の「避病院」（伝染病隔離病棟）の傍の借家で乳児だった長男俊介と一緒に暮らし、帰って来てからは弁護士になるまで水俣市多々良の借家で暮らしました（この時に二男陽平が生まれています）。馬奈木昭雄弁護士がわが家に遊びに来たのがこの頃です。

小学3年生の時に山原に帰省しましたが、バスの中から見た当時の米軍基地では金網の内側（道路の傍）で戦車が実砲訓練をしたり、空いっぱいに戦闘部隊の落下傘が広がり降下訓練をするなど、まさに大日本帝国との戦争と同居していました。

2　両親の死

私たちの両親が、2018年初めに死去しました。両親が生きていた頃は「ティンサグの花や、チミサチにスミティ、ウヤヌイウシィグトゥヤ、チムにスミテリ（ほうせんの花は、爪先に染めて、親のいうことは心に染めなさい）」、「夜走らす舟はニィヌファ星（北極星）目あて、我ん生ちぇる親は我んど見あて」、「宝玉やてぃん　磨かなければ錆びす　朝夕肝磨ち　浮世渡ら」、「なせば何事ん　なゆる事やしが　なさぬ故なからどぅ　ならぬ定め」（CD『赤犬子』より）という沖縄の教訓歌をよく姉弟で歌いました。しかし、両親はもういません。そこで、亡き両親を偲んで、私の姉弟で話し合ってこの文章の姉妹編を作ることにしました（この本とは別。兄弟のみに頒布する予定）。

3　夫婦の姓のことなど、そして胃痙攣

私が旧姓具志堅で、今の板井姓に変わったのは、大分県南海部郡宇目町出身の妻八重子（大分県立佐伯鶴城高校・熊大医学部卒）と昭和48年4月29日に熊本市九品寺の消防会館で結婚し、その後八重子が勤務する氷川下セツルメント病院（東京都文京区）の事務から改姓しないと手続きが面倒だからと言われたのがきっかけでした。それまでは夫婦別姓でしたし、私は別姓か同姓かの結論を出すことができませんでした。沖縄生まれの長男、大分生まれの一人娘、正直言って私は判断に迷いました。

私は、沖縄の大道小学校・松川小学校、そして真和志中学を経て、真和志という田園地帯からいきなり、かつて王府のあった首里高校（旧王国立校）で学ぶことになりました。身長は今と同じですが、体重は49・5キロしかありませんでした（栄養失調か?）。中学の時は、学校から帰ると柔道部の練習で粗食のせいか毎晩胃痙攣で1時間位、横になって苦しみました。乱取りの稽古の最中に眩暈（めまい）がして意識を失うこともありました。

松川小学校は米軍が土木機械で山を掘り崩し、そこにコンクリート製の校舎を造りました。運動場の下には旧日本軍の壕があり、そこには沖縄戦中のガスマスクや銃剣、小銃弾が散乱していました。夏になると硫黄入りの焼夷弾（不発弾）が爆発して、それを消そうとした箒に硫黄が燃え移り、小学校はその消火で大変でした。

4　祖国復帰運動との出会い、国場君事件、瀬長亀次郎の報告

復帰運動に初めて触れたのは小学6年生の時、大道小学校の校庭でした。そこでは、トラック2台の荷台をくっつけて臨時の演台にして集会が行われていました。中学の時には、沖縄の自民党

がアメリカの占領支配に対する態度をめぐって2つに割れるのを神原中学校の校庭での集会で見ました。その時の琉球政府主席は大田政作でした。彼は、戦争中は台湾の膨湖諸島の長官（占領軍）で、戦後は熊本（主に南部、八代・人吉）で弁護士をしていました。ちなみに、私が弁護士になろうと思ったのは、後の屋良朝苗公選主席の下で副主席をしていた知念朝幸（無所属革新の弁護士、県立一中出身）にあこがれてのことでした。

後年、私は水俣に移り本格的に水俣病に取り組みました。どうしたら解決できるのかが私のテーマでしたが、「最も困難なところに最も良い仕事がある」というある先輩弁護士の励ましの言葉は私の本心でもあり、本当に助かりました。

私たちの高校時代は、日本復帰運動が盛んで、私の高校から約３００人が参加していました。アメリカが沖縄で米国民政府を介してしたい放題の時代でした。私も率先して参加し、担任の先生から「具志堅君はデモが好きですね」と言われる位でした。

首里高校は首里城のすぐ近くにあり、近くに第二尚氏の歴代の王たちを祭った「玉陵」（たまうどぅん）、「よどみなく奮いはげみし若人らの熱き血潮ぞ空を染めける」の歌碑で有名な一中健児の塔がありました。しかし、沖縄戦で焼かれたのか巨木はありませんでした（地下には三二軍の司令部壕がある）。

鹿児島までの旅程を歌った「登口説（のぶぃくどち）」の冒頭にある「観音堂」は首里高校から見て那覇に至る坂道の丁度真下にありました。ここでは、千手観音に礼拝・拍手して旅のいきさつなどを報告してから鹿児島に出発しました。

私は、首里高校に入学すると「山羊（ヒージャー）会」に入り、歴代会長のくしゃくしゃの制帽を当時の会長の稲嶺から貰いました。山羊会の名称は「豚肉は親族が、ヒージャーは友達が」食べるというところから来ていました。当時ヒージャー会には同期の仲今がおり、いわゆる国場君事件を取り上げて全日本高校生弁論大会で一位に輝いていました。国場君事件は私たちの世代が復帰運動に参加するきっかけになった事件で、米軍の大型トレーラーが青信号でハイウエイ・ナンバーワンの横断歩道を渡ろうとした国場君を轢殺した事件です。夕日が眩しくて信号がよく見えなかったという弁解で不可抗力「無罪」になった事件です。その時に、私たちは沖縄人を同じ人間として扱わないアメリカの姿、米軍の姿を見たのです。人間は全て平等であるべきで、米軍のしたことは許せない――これが当時の私たちの考えでした。

その夏休みに佐藤栄作（当時首相）が戦後初めて沖縄に来て那覇の米軍住宅の前にある「東急ホテル」に泊まりました。数万人がハイウエイ・ナンバーワンに座り込んで交通はマヒです。結局、代表団が歩いて米軍基地で意見交換をしている佐藤栄作を探しに行きました。しかし、佐藤はその夜はアメリカの将校クラブに泊まって出てきません。佐藤は約３００人分の乱闘服を沖縄県警に届けています。これが後に私たちを弾圧する道具になるのです。佐藤は「沖縄返還が実現しない限り日本の戦争は終わらない」という声明を述べてその舌の根も乾かないうちに、同じ日本人を弾圧し米軍の将校クラブに泊まるという自己保身をした人物です。

代表団各位から報告がありましたが、瀬長亀次郎の報告の時は数万人がシーンとして聞いています。小さな携帯用のスピーカーとはいえ一人の肉声が大衆を動かすという事実を初めてその時に体験し、私は歴史の中にいる自分に、身が震えたことを覚えています。

ちなみに、熊本に来てあるグループと通町筋の街頭をデモしましたが、車道ではなく歩道をデモするだけであり、これが大衆に訴える力のあるデモなのかと疑問に思ったものでした。

１９４７年12月末、私は沖縄本島の最北端にある辺戸岬で対岸の与論島で燃えている篝火(かがりび)を見ながら、国費留学生として本土に行く私はこれからどうしたらいいのかを考えました。二回試験に合格したら沖縄に帰るがその先のことを考えました。

残念ながら、沖縄だけでアメリカを相手にすることは出来ません。平和憲法と基本的人権を保障する日本を実質的に変えることなしに、沖縄の要求は実現できません。しかも、その日本では民衆が闘いに勝った実質的な歴史がないのです。実際に闘いに勝利して目にもの見せてから「勝つことの楽しさ」を知ってもらい共に闘う人を粘り強く作っていくことが必要にして不可欠です。それにはどうしたらいいのでしょうか。本当に悩みました。日本の裁判所では、物損公害（ばい煙による土壌被害）は戦前から認めましたが、人損は認めていませんでした。問題は、人的被害です。

5　生徒会活動、祖国復帰全琉生徒会協議会での挫折

高校2年生の6月に、生徒会長の選挙で勝ちました。その頃、教公二法阻止闘争があり、教員たちは私たちそっちのけで闘いに狂奔しています。その時に、石川達三の書いた四国（高知）での経験を読み悶々としたことを思い出します。負けてから日曜日に出てこい、授業をするというのです。私も、立法院まで行って闘っていたものですから、ばかばかしくなりハトロン紙2枚に自分の考え（今は残っていない）を書いていつも広報誌を張り付ける中廊下（校舎がロの字形になっている）の壁に張り付け、本島北部にある嘉津宇岳（かつうだけ）（当時はピンク色の緋寒桜の名所・沖縄本島2番目に高い山）に登りました。ここは米軍が上陸した当時旧日本軍の独立連隊が守っていたところです。頂上に登り私は大変なショックを受けました。鍾乳洞を含めて沖縄本島のほぼすべてが見渡されるのです。その時まで、私は武器を度外視して米軍に対する武力闘争をまじめに考えていましたが、

これでは武力闘争は負けると考えを改め、幅広い国民運動で世論を変えていくことを選択しました。

この頃、私は、全琉の生徒会長たちに沖縄本島那覇の首里高校の図書館に集まるように檄を飛ばしました。祖国復帰闘争では高校生の闘いの司令部がなかったので、それを創ろうと決意したのです。

まさに、宮古・八重山からも生徒会長たちが続々と集まってきました。私は、ここで祖国復帰を目指す全琉生徒会連絡協議会の設立を訴え、賛同を得ました。そして、各自が母校に帰り関係者の同意を取って再び会う約束をしました。しかし、当時、自分だけが目立とうとする一部跳ね上がり分子の行動により全琉の高校生をまとめている校長たちに知られるところとなり、約束の日に首里高校へ行ったら厳正なる処分をするとの通知を受けたそうです。しかし、肝心の私には何の処分もありません。いずれにせよ、決起は失敗しました。今後は闘いの中で必ず出て来るであろう跳ね上がり分子を闘いの前に未然に摘み取ることが必要だと、まずはわが身の課題としました。

その頃、宜野座高校（辺野古基地に一番近い高校）の生徒会長と友達になり、同校の生徒会の総務をしていた女生徒と辺野古基地を望める丘でデートをしていました。すると、突然、基地では重機関銃がうなり、迫撃砲が徐々に私たちをめがけて訓練をしています。直ちに、その場を退散しました。私が夏に沖縄に帰省しましたら、彼は、夜、太ももを刺されて入院中でした。彼は進学せず、アメリカ資本の石油備蓄会社（ＣＴＳ—辺野古の沖合の島々にある備蓄施設群）の労働組合の書記長になった人で、まさに命を懸けての闘いでした。

高校3年生の時に、首里高校の応援歌などを入れたソノシートを作る企画が持ち込まれ、私は知っている限りの人材（染色科の末吉安久先生には琉球の歴史をお願い）を集めこれを完成させました（これは数年前の私たちの同窓会でCD化されました）。しかし、生徒会活動のおかげで国費の受験を前に成績は50番も下がりました。まさに、国費の勉強に赤信号がついたのです。

生徒会長の任期は3年生の6月までですので、あとは国費試験に向けて懸命の勉強でした。しかし、わずか4か月強しか残されていません。

6　国費留学制度

大学に進学する時、父がお金を全く出さないというのです。すると、国費留学以外に私には選択肢がありませんでした。しかし、結果としてはそれが幸いしました。

留学試験ですが、国費は授業料免除・生活費補償、私費はその逆です。受験する英語は、米国留学と琉球大学がいわゆるアメリカン・イングリッシュで、国費（私費）留学はクイーンズ・イングリッシュでした。前二者は反米主義者をカットするために内申書重視、後者はほぼ無視でした。

私は、首里高校では反アメリカの抗議デモが好きで有名な反米主義者でしたので内申書を重視されては確実に落ちていました。試験は前年11月。12月末に合格発表。1月初めに文部省の面接。3月は本土の大学教養科で学ぶドイツ語の学習でした。留学とは言っても各地の大学が取るか取らないかは自由ですので、北海道まで行けばどこかの大学が受けいれるであろうという行き当たりばったりの方針で北海道まで行く装備（寝袋持参）をして来いということでした。ただ、私は留学船に乗る3日前になんとか熊本大学法文学部法科が引き取る形になりました。

国費制度は、簡単ではありません。戦後から私たちの時代までは医学を中心にアメリカ留学が主流でした（卒業生は米軍の将校クラブにまねかれ「金門クラブ」を作っていました）。当時、アメリカは沖縄をハワイに次ぐ州として狙っていたので、そうなったらどうなったのかと思います（米国留学組は卒業すると米軍の将校クラブで歓待される。大城立裕著『カクテル・パーティ』という本に詳しい）。米国留学は、1970年まで約1000人。日本政府が留学制度に力を入れ始めたのは、私たちが留学生になる少し前からでした。祖国復帰運動は、留学先を変えさせる力をもっていました。

国費は当時医学部が中心で私は九州で初めての法科の国費留学生でした（それまでは、東大・京大・一橋大で東京・京都が主）。

7 八重子のこと、髪結いの亭主

板井姓は、大分県臼杵市に多いと聞いています。妻の祖母トリ（熊本県甲佐町出身）は、妻の祖父板井正（大分県出身）と結婚し、久留米から大分に鉄道（後の久大線、当時は日豊本線）ができる際に、天理教布教師として当時髪結いであった祖母トリを連れて鉄道の工事現場で生活をして転々と作業員や現場近くの集落で布教活動をしていたらしいのです。生活の糧はトリの散髪代金。そして、日豊線のほぼ最終駅（最終は宗太郎峠駅）の一つ手前である宇目町の重岡駅付近で小さな土地を買い求めて、そこに天理教の布教所を建て散髪屋としても活用し生活したようです。

したがって、妻は、布教後に生まれた子供（大分県南海部郡宇目町で生まれる）です。後年、妻の母の実家の「植野堀の本家」が熊本から久留米に移ったので、妻は熊本県甲佐町、大分県宇目町、福岡県久留米市の三つの故郷を持ったようです。

宇目町は「宇目の唄喧嘩」が有名で、五木の子守り歌の源流ともいわれています。水平移動をすると宇目と五木はまさに山の中で、炭焼きで有名なところです。備長炭は紀州に端を発するものです。それが、九州まで流れてきたのでしょうか（但し、五木のルーツは朝鮮ではないかという説もあります）。八重子は、母が熊本から養子に来ており、祖母トリから髪結いを教えてもらい髪結いの母親の娘ということになります。

祖父板井正は大分の人で、トリとの間に子供がなく、熊本から植野堀トモエを呼んで、養子にし、同じく宇目町の近くにいた柴田森男を養子にして、二人は結婚したということです。まさに、破天荒な時代でした。

八重子は、正とトリの孫として板井家で生まれました。八重子は、佐伯市立鶴谷中学校に通う時に父森男の縁戚にあたる安藤ラク宅（佐伯市）に寄留していました。八重子が寄留した先の安藤ラクは、実父母松田作治・ムラの二女（明治35年4月11日生）ですが、大正2年12月20日安藤富貴作・リヨウの養子となり、大分県士族・小学校本科正教員（大正9年12月21日9級）となった人です。

なお、妻の父の柴田家は地元宇目町で代々自転車屋をしていたと聞いています。

第4　沖縄での具志堅家（系図）のこと

1　「系図」のこと

「擁氏（ようじ）山原具志堅家系図」のこと。ここは、難しいので飛ばしてもらっても構いません。沖縄の門中制度のことです。男系の長子の名の初めに同じ文字が使われている集団（したがって、姓は関係なし）を指し、死後は一門の墓である亀甲墓に入ります。中国は個人墓が主流で、亀甲墓は朝貢貿易の窓口である中国福建省の慣行でもありません。また、日本には「家」制度があるので、姓が同一であることが条件になります。したがって、沖縄の制度は中国や日本とは関係がないことがわかります。この制度もどこから来たのでしょうか？

この部分は、平成元年10月吉日発行の、親族具志堅仁（ひとし）の著にある系図によるものですが、系図は、旧久志村字天仁屋（有津（あっつ））に住む7世具志堅興光の3男興次が、昭和17年擁氏の始祖伊波家の系図から写したものを基に作られたものです。この写し取った系図は同人が出征の際に母マカト（ウンメー「御前」祖母のこと・興光の妻）に託し、興次は戦死しましたが、母マカトが沖縄戦中命がけで「系図」を守ったと記載されています。心より感謝いたします。

この系図によると、先祖は琉球士族として第一尚氏第7代（尚徳）王孫として関係者が記載されています。なお、ウンメーは旧士族の末裔の妻で、顔・両手の甲に青い刺青（腕にも刺青があるが、ハヂチ・成女儀礼のもの・お歯黒とは異なる。すなわち、既婚女性の要件ではない）をしていました。そして、いつも何もせずに綺麗な服を着て座っていました。この習慣は庶民には極めて珍しいものです。

２　系図の由来

この系図は、１６８９年（尚貞21年）につくられ、その年成立した王国立の「系図座」が当時の士族（首里・那覇・久米・泊）に作成させ、その一部を系図座、他の一部は国王の朱印を押し各家に保管させました。形式ですが、名前・生死・血縁関係・元服・叙位・仕官などの経歴を順に記載していきます。いきさつからして系図は次の第二尚氏の時代に作成されたということになります。

その意味では、系図には一部脱落した部分、不正確な部分があると思います。しかし、それ以上に第一尚氏から第二尚氏への権力委譲は禅譲（武力を用いず権力を移したもの）によるもので、そのために、士族の数は急速に膨れ上がり、人口の50％を超える地域も出てきました。これにより、農民が過酷な搾取に遭うという現象が問題になりましたが、その実態は歴史的にあまり問題にされていません。薩摩の琉球支配による農民の負担増も含めて極めて残念なことです。

ところで、第一尚氏第7代尚徳王の皇孫にあたる5世の二男興左を始祖とする「ウーゼ具志堅」があり、その系列の長男にあたる興勝（興左から数えて4世）の三弟興宴が山原の具志堅の立ち始めの元祖となっています（山原とは、沖縄本島北部の国頭・大宜見（おおぎみ）・東（ひがし）・旧久志（くし）の各村のことです）。そして、この9世興雄（10世興貞）が直系にあたるとされています。しかし、ヤンバル

（山原）の具志堅について興宴より2代・3代は長男に子供がいなかったり、夭折したため二男が主流となっております。ちなみに、東村有銘の始祖は5世の三男興正、大宜見の具志堅が始祖となった同じ5世の興法、大湿帯（オオシッタイ）の具志堅の始祖が7世の三男興孝、久志村天仁屋の始祖の具志堅は同じ7世の二男興長となっております。

このように具志堅の子孫は、山原の国頭村を除く、大宜見村、東村、旧久志村などに分かれています。

こうして分かれた山原の具志堅の9世に興雄（興一の実兄）がおり、10世に興貞がいます（ヤンバルの具志堅）。

山原の具志堅の元祖にあたる興宴の長兄興方は50歳頃までは叙黄冠（親上雲ぺーチン）でありましたが、大男で武術の達人で「力具志堅」と言われ爬竜船（ハーリー船）のかじ取りで、ハーリー船同士の争いを取り仕切っていたとのことです。この興方が大宜見村間切り（まぎ）の宮城島で初めて入浜式の製塩法を始めたとされています。しかし、この系図では興方が泊から大宜見に行った理由として興方は「絶えず掛け試合にあい心休まる暇もなかったと言われている。争いの絶えない泊村での生活に見切りをつけて、一人で山原入りしたといわれている」が、これだけの理由で高級士族の身分を捨て山原に行くのでしょうか。これに父興一は異を述べています。この部分まででも、王孫の二男に過ぎない具志堅は「雄」氏で、「擁」氏でないことは明らかです。事実、具志堅（雄氏）は伊波（擁氏）の亀甲墓には入りません。

第5　私の両親のこと

1　聞き取りの経緯

この文章は十数年前、沖縄の那覇市三原（旧真和志）の実家で両親から聞いた話を基に、当時不明な点はその後の資料や記憶を基に追加しています。母は、聞き取りをする私に、「この話は私たち（両親）が死んでから本にするつもりね」と恨めしそうに言いました。私は、まさにそうなので何も答えることができず黙っていました。

2　父興一の歴史（聞き取り）、川辺川との縁

私の父具志堅興一は、大正11年3月29日、沖縄県久志村字天仁屋有津原１０６番地で生まれました。その父親は父の祖父である具志堅興光の長男興昌です。

母親は具志堅オト（大宜見村の大湿帯　オオシッタイともいう　旧姓新崎）で大正14年頃生まれ、住んでいた有津川の水害（鉄砲水）で産褥熱となり10か月後に死亡しました。ちなみに、私が川辺川問題に関与したことについても祖母の関係では不思議な縁を感じます。祖母は水害の犠牲者でした。

オオシッタイは沖縄本島で最後に電気（電灯）が通じたようです。なお現在の名護市は、明治時代は大宜見村に属していたようで、日本共産党の元書記長であった徳田球一は当時の大宜見村名護（現在の名護市街　ヒンプンガジュマルの近く）の生まれのようです。私は結婚するために帰った時に名護で、父と八重子の3人で名護の食堂でソウキそばを初めて食べたことを思い出します。

父興一の兄弟には長男興盛がいましたが、尋常小学校6年生の時に腸チフスで死亡しました。次男は興雄で、三男が私たちの父興一（当時は興孝（こうこう）・幼名はヤマー）、四男はカマル（生後2か月で死亡）と言いました。私たちは正確には「擁」氏（ヨウウジ）の生まれで長男の名前に「擁」（よう）が付くはずですが、なぜか「雄」（ゆう）となっています。当時、那覇市泊には男系の長男の氏（うじ）とその一族を記帳する門中ごとの事務所があったようですが、沖縄戦で焼失しました。その結果、事実上、門中制度は崩壊したようです。

具志堅家の家業は農業で畑を開墾して芋・野菜・サトウキビなどが換金作物でした。当時の家は有津川の川岸に石垣で囲っていました。畑はありましたが、4、5年に一度大水が出ると畑は流され、家は基礎の土が削り取られ倒壊したりしました。興一（当時は興孝）が3歳のときに、大雨で床上浸水しましたが、家族は気がつかずに寝ていました。そのとき、母親は水につかり産褥熱にかかりました。病院に行きましたがその甲斐もなく10か月後に死亡しました。その時の病院代を有津部落の共同売店から借りましたが、返すことができず、興一（当時は興孝）が6歳の時に父興昌は返済するために南米アルゼンチンに移住しました。その費用もなく借りていったといいます。興昌は南米アルゼンチン国から沖縄に送金して借金はすべてなんとか返したそうです。

当時、興光とその妻マカト（旧姓久高、ウンメー）も一緒に暮らしていましたが、京都にいた父興一の叔父興次（幼名ジルー）が京都からその長男均（ひとし）を連れて戻ってきて一緒に住みました。興一が14、5歳の頃日中戦争があり、集落で徴兵検査があったため兵隊に取られる者が多かったそうです。そこで、興光と興次がアルゼンチンに興一と興雄を送れば兵隊に取られないで済むということで、興昌に旅費を送るように連絡しました。興昌はアルゼンチンで「模合い」（一種の講）を起こして1000円を送ってきました。

しかし、そのお金はなぜか子供たちに届きませんでした。そのために、結局興雄・興一兄弟はアルゼンチンに行けなかったそうです。父は小学校を中退し、叔父興雄ははるか南洋のテニアン島まで行き、アルゼンチンに行こうとしたようです。しかし、興昌は戦争中アルゼンチン国・ブエノスアイレス市にて病死、昭和17年（火葬納骨は6月24日）他界しました。大変悲しいことです。

興一は16歳の時に家を出て大宜見村の大湿帯（オオシッタイ）に行き、母親オトの実家新崎の家（隣はオオシッタイの具志堅）で1年くらい生活し、有津原に戻りましたが、そこにいる気がなく、東村平良（たいら）部落のイゼナバルで山仕事をしていました。そのときに、名護まで自転車で行ったところ、ヤマトの紡績工場の募集があったので用紙をもらって興次の反対を押し切って印鑑をもらいました。しかし、オオシッタイの母親オトの兄弟である康和から諭され大宜見村塩屋で医者（医介輔？）をしていた渡久地武当（オトの弟）のところに半年いました。そこでは薬局見習いをして、注射などもしていました。康健は医学的な知識を一生懸命教えてくれました。しかし、康健は軍医で招集されました。父興一は後年医師となった八重子とはよく医学の話などをしていました。それで、父興一（当時は興孝）は再びオオシッタイに戻り新崎の実家を瓦葺家に新築する手伝いをすることとなりました。父興一はこの家の建築を手伝ったのです。

その時に、大工の棟梁をしていた仲西コウイチ（東村有銘（あるめ）出身）に弟子入りしました。有銘の製糖工場の補修、底仁屋の島袋盛仁の家を新築しました。この時に、新築建物の図面の書き方、材料の番号の付け方、屋根の勾配のとり方、材料の処理などを教えてもらったのでした。その後、父は、オオシッタイの新崎の家に手を入れる補修工事をしました。

私は、小学3年生の時にオオシッタイの具志堅で夏を過ごしました。隣が、新崎家でした。そこには、柿木や銀杏の木があり、亜熱帯ではありませんでした。わずか7軒の家がありましたが、夏祭りは盛大に行われ、私はそこで泡盛の茶碗酒を初めて飲みました。おいしいと思いました。

ところで、康健は熊本から戦に行く途中バシー海峡（フィリピンと台湾の間）で米潜水艦の攻撃を受けて死亡しました。仲西コウイチも従軍し伊江島で戦死しました。とても悲しいことです。

父興一（当時は興孝）は徴兵検査を受けて第二乙種合格（165センチ以上は甲種、それ以下が第一乙、160未満が第二乙）でした。父は、当時は159センチでした。そして、下関の野戦重砲隊に配属され、その後大阪の船舶隊に転属となりました。神戸の六甲山に防空壕を300メートルくらい掘りました。父興一はその時の木枠をつくりました。そして、壕に部隊の物資を移しました。その直後に大阪大空襲があったそうです。

沖縄戦では、祖父興光が戦火の中を逃げ回りましたが、昭和20年10月28日に死んでしまい（享年73）、沖縄本島南部にある「平和の礎（いしじ）」にその名前を刻まれました（当時、日本軍の組織的抵抗は6月23日まで、この日摩文仁の壕の中で牛島満中将と長勇（ちょういさむ）参謀長自決、その後は非組織的抵抗の時代）。

敗戦後の1945年11月に連隊は解散し、その後、父は、愛知県南ナカネにいた渡久地武当のところに行き、1年くらい建築関係の仕事をしました。

3 結婚

そして、1946年10月に私たちの母我那覇清子と結婚しました。その意味では、二人とも現実の沖縄戦を知りません。

興一は有津原の出身で、旧久志村の関係者です。久志村の郷友会に属していました。「二見美童や、男女肝美さ、海山の眺め他所にまさてぃよ」(二見情話)。これは私が大学に行っていた時に沖縄で流行った歌です。旧久志村のことを歌ったもので、今、新基地問題で闘われている辺野古はすぐ近くです。辺野古現基地ができる頃小学3年生の時辺野古で赤い(テラロッサ：鉄分を含んでいる)砂嵐の吹く中でバスを乗り換えて東村有銘まで歩き、そこからオオシッタイから来た別の叔母と弟の3人で裸足になり山道を約1里歩いてオオシッタイまで行きました。

当時、那覇市三原の家には、実叔父興雄親子を含め随分故郷(山原)の人たちが来ていたようです。ちなみに、旧久志村(現・名護市)にも三原の地名があります。

那覇市三原自治会による『三原のあゆみ』が昭和59年11月に公刊されています。洋子姉が「かりゆし大学」から入手したものです。この中で、第36代自治会長知念勇が「発刊によせて」を執筆しており、これがこの間の経過を知るうえで貴重な資料です。ところで、この中の5頁に「旧公民館（写真）」が出てきますので、多くの方々に見て頂きたいと思います。この幼稚園が、私たち姉弟のほとんどが通ったところです。その斜め前に弟清志が通ったナザレ幼稚園があります。

「今から65年前（大正9年7月27日）に三原を含めた字大道が分離・創立されました。当時、三原は大道『前の原』といい、小さな集落でした。戦後の翌年、米軍の命令で真和志村民は摩文仁（激戦地）に集結させられた」といいます。

その後、戦後、大道から分離しようという機運が高まり、戦後2代目の翁長助静村長（前知地雄志の父親）もこれを支持しました。そして、昭和44年12月10日に分離を果たしました。ところで、三原の人口は昭和24年に365人で、昭和31年には約7000人に膨れ上がりました。要するに、戦後、真和志村は農村から急速に都市化していました。

父具志堅興一は昭和55年から昭和59年までこの自治会の評議員を務めています（その後は、記録がないのでわかりません）。父は、これを踏まえて、「喜多通り会」など家の前の通り会の世話役活動を行っていました。

4　母清子の歴史

私の母清子について述べます。母の親は我那覇ツル（旧姓渡久地）で、その長兄の子どもが渡久地武当で、清子は大阪府堺市の長姉トミの嫁ぎ先城間井起（しろませいき）の家に住んでいたことがあります。

我那覇清子は大正11年2月5日　那覇市久茂地町にて生まれました。

母の父は我那覇隆慶（昭和10年7月30日52歳で死亡）で、母の母親はツル（旧姓渡久地　昭和18年12月30日60歳で死亡）です。その子どもたちは11名で、母の記憶ではその名前は次の通りです（しかし、なぜかその一部しか記憶がありません）。

長男　隆裕　　53歳で死亡

次男　隆栄　　32歳で死亡

長女　トミ（城間へ嫁ぐ）

二女　静子（久場へ嫁ぐ）米軍ジェット機の落ちた石川の宮森小学校の近くに住む。

三女　清子（具志堅へ嫁ぐ）

母の父は、家業は製材所の作業員でかんな工をしていたようです。

那覇市松山町に自宅（借家）があり、母は松山小学校、天妃尋常高等小学校高等科2年まで進学しました。しかし、13歳の高等科1年の夏にその父隆慶は死亡しました。その時に、ツル、隆栄、トミ、清子の4人で生活していました。隆裕、静子は日本の植民地だった台湾で生活。その後、隆栄も台湾に行きました。

昭和18年母ツル死亡。当時大阪に兄姉が生活していました。トミは大阪にいた隆裕の子どもが出来るということで大阪に行きました。母清子も、16歳までは沖縄で帽子（パナマ帽）製造の内職。その後、大阪の製菓工場で働き、19歳のときに一旦沖縄に帰り、知り合いの小橋川の病院で歯科の見習いをしていました。１９４４年10月10日の那覇大空襲に遭い、自転車に米を積んで石川を経てヤンバルに逃げました。その後、疎開で12月に大阪に行き隆裕の家にいました。そして、堺市にいた城間井起宅に行きました。そこも、空襲に遭い、隆裕と熊本に行きました。

そして、堺市に戻り、縫製工場で働いていたときに、父興一と結婚しました。

双方の親戚であった渡久地の関係で興一（当時は興孝）と結婚することとなりました。

母は、松山小学校に通っていました。頭の聡明な人だったようですが両親が死んでいたので、経済的理由から女学校には行けませんでした。その後、歯科看護婦の見習いをしていたようで、客に当時東大に行っていた後の政治家西銘順二がいたようです。

5 結婚、隆栄叔父の恋人

大阪で、渡久地の叔母（氏名は不詳・戦後那覇市久茂地に在住していたが死亡）の縁結びで二人は結婚しました。当時、大阪の住吉神社で撮った記念写真があります。ちなみに、渡久地の姉妹の一人が玻名城（はなしろ）清順の妻になったようです。玻名城は沖縄県立二中（現在の那覇高校）などを経て東大医学部に進学した人で、後に立津清順として熊本大学医学部精神科の教授となり、原田正純、藤野糺らと共に水俣病の研究に打ち込んだ人ではないかと言われています。詳細は不明です。

結婚した二人は、1946年11月頃、名古屋から沖縄の中城（なかぐすく）村の久場崎に上陸しました。そして、数か月間金武（屋嘉収容所）で生活しました。ここは兵士たちの収容施設でしたが、本土から帰った民間人などもおり屋嘉収容所については「なちかさや沖縄　戦場（いくさば）になやい　世間御万人の袖ゆ濡らち」という歌でカンカラ三線（さんしん）と共に有名になりました。カンカラ三線とは米軍の缶詰の空き缶に木の棒をつけ、パラシュートの紐を張り三線の代わりにしたものです。

沖縄中南部の住民が収容所に隔離された頃、アメリカは好きなところに基地を造ったようです（第1次土地取り上げ）。その後、朝鮮戦争が終わる頃、銃剣とブルドーザーで住民を追い出し基地を拡張しました（伊江島など・第2次土地取り上げ）。

第1次土地取り上げで、那覇軍港から嘉手納基地に至る道路の真ん中にパイプをむき出しにして航空用燃料を送る設備を米軍は造りました（熊本で言うと、三角港から健軍飛行場までか）。しかし、パイプが壊れて航空用燃料びたしになるなど危険なものでした。これが日本軍国主義を攻撃するための施設でした。しかし、かなりの地主たちは絶望のあまり南米のボリビアに移住しました。しかし、結局日本進攻はなく、沖縄の米軍はその目的を失いました。第2次土地取り上げは朝鮮戦争の反省からでしたが、強制的にそこに生業を営んでいる人たちを追い出すものでした。

屋嘉収容所を出た両親は港町（現在の那覇市楚辺）で米軍の港湾荷役作業をして楚辺の軍作業員のテント小屋で生活していました。当時、近くに沖縄刑務所があり、その傍で瀬長亀次郎が売店をしていました。両親がマラリアで震えている際、当時沖縄南部の大里に住んでいた長姉トミが看病をしたようです。その後、両親は1949年9月那覇市三原に移転しました。私が楚辺で生まれた翌月でした。

戦後の沖縄は焼け野原で、特に戸籍関係の書類が焼けたために、母は父の名前を興孝から興一へと変えて申請しました。父は、軍隊時代、いつも他県の兵士から「具志堅、もう起きたか（興孝おきたか）」と揶揄されたことを母親に漏らしていたようです。そして、幼い頃に両親とも離ればなれになりとても寂しかったとも言っていたようです。ちなみに、私が父の本名を初めて知ったのは小学3年生の時に父の故郷（久志村）に弟清志と帰省した時でした。そこでは、ヤンバルのおじさんたちが、私と清志のことを「コウコウ（興孝）の子どもか」と言うのです。最初は、何のことか分かりませんでした。父親はヤンバルでは興孝で呼ばれていたのです。その時に田舎のおじさんたちは、ブタの丸焼きを食べていました。耳が最初に焼けるので、それを細かく切って（ミミガーにして）酢につけて男たちが泡盛で舌を濡らしながら食べるのです。料理をする女たち、その傍にて泡盛でミミガーを楽しむ男たち。これが当時の沖縄本島山原でした。

ちなみに、私は母親の血を受け継いでいるようで、隆栄叔父と外貌が全くそっくりだそうです。私が熊本大学1年の際に帰省した時に、那覇の公設市場をトミ叔母、母清子と歩いている時に、涙を流しながら橋を渡って駆け寄ってくる中年の女性がいました。突然、私に抱きつきキスをするのです。びっくりしました。母が言うにはその女性は公設市場で働いている隆栄叔父の元恋人で、私を隆栄叔父と見間違えたそうです。ちなみに、当時の公設市場は戦争未亡人など連れ添いを失った女性たちが優先的に働いていました。

第6　幼い頃の記憶

1

私の真和志の家の前には、安里川（川底には、上流の松川集落の屋根の赤瓦の破片があり、赤い川に見えた）があり、その川向こう左側は真和志中学、その右に大道小学校があります。この小学校は、ひめゆり部隊として知られている沖縄女子師範・県立第一高女の教育実習校でした。私は、1年生までは大道小学校に在学していました（2年生の時は複式授業）。そこのコンクリート製の水タンクに銃弾が刺さっていたのを覚えています。戦争の傷跡が残っていたのです。ちなみに、その時の水タンクは現在は撤去されてありません。不発弾処理で道路はいつも立ち入り禁止でした。

さらにその後ろには、沖縄戦中に首里から那覇のシュガーローフ（アメリカ南部製の砂糖菓子から命名、現在のおもろ町の水タンクの辺り）に至る旧日本軍の防衛線がありました。ここも激戦地です。私の家の周りでも、サンゴ礁の道路を少し掘ると日本円の硬貨が出てきます。ここも戦場だったのです。

要するに、わが家は、三原の北側で市街戦の激戦地に近い大道寄りにありました。そして、わが家の前の道向こうの建物の中に那覇の久米仙（泡盛）製造工場がありました。ひもじさのあまりに干していた麹米を手づかみで食べた記憶があります。

戦後よく食べた食事にカンダバー・ジューシー（芋の葉の柔らかい雑炊）がありました。しかし、実際には、芋の茎(くき)雑炊でした。とても硬くて食べられたものではありません。カンダバーはどこに消えたのでしょうか。

私の叔母トミは南部戦線激戦地の近くの大里集落に暮らした経験があり「いくさーならんど（戦争はしていけないよ）マサル」と言っていたことを思い出します。その叔母ももう亡くなりました。

2　母と旧士族との衝撃的な出会い

父は、当初、三原では大工をしていました。当時楚辺の近くに武徳館がありましたが、父が棟梁として屋根に上って働いている姿を思い出します。その後木箱製造を始めました。三原の旧家は自分で造ったようです。材料は米軍の資材を使いました。この家では犬（メリー）などを飼っていました。また、燃料に木くず（鋸くず）を使うなど、父のアイディアが生かされていました。もっともこの家には、ヤンバルから呼んだ父の実兄興雄や祖母マカトが住むこととなりました。マカトはハヂチ（刺青の一種）をした旧士族の嫁でした（ハヂチは明治末に禁止令）。商人町で育った那覇生まれの母はその時初めて旧士族と暮らすことになり離婚騒動も含めいろいろとカルチャーショックがあったようです。私たちは、その横にあった木造の家に移り、ついには道向かいの木造の家を借りて住んでいました。こうした時に、父が連帯保証人になった物件で競売があり、あろうことか主債務者が現地での競落をしようとしたのです。母はこれを見て具志堅木工所の経営は自分がしなければと固く決意したようです。

家の件はまさに、「軒を貸して母屋を取られる」の類でした。1961年に現在の鉄筋コンクリートの工場兼住宅を造りました。これで、一応改善はされました。

しかしながら、本土復帰の年の1972年に具志堅木工所を廃業しています。

工場の騒音や台風対策もありましたが、当時鉄筋コンクリートの建物は珍しく、父は、米軍が陸砂を使い基地を造りましたので、海砂が多い中で、何とか陸砂を探してきて工場兼住宅を建てたようです。そのためもあってか、海砂（塩分過多）を使ったコンクリート製の建物の塩害による損傷が多い中、わが家の鉄筋コンクリート建物は比較的使用期間が長いようです。しかし、米軍が基地建設のために優先的に陸砂を使っていたことは有名な話でした。

3 具志堅木箱の経営、在宅のハンセン病患者との出会い

具志堅木箱は母が那覇の市街地で廃品になった本土から輸入した木箱の空き箱を、最初の頃は平和通りの入り口（焼き物で有名な壺屋の近く）で人力の荷車に積んで引かせ、後に戦後新しくできた国際通りではオート三輪車で工場まで運んでいました。その空き箱を解体し、自動カンナで表面をきれいにし、自動のこぎりで寸法を取りガソリンやシンナーなどを使ってジュース箱やパン箱に再生・加工していました。父は、ブリキ板を作ってジュースやパン箱に達筆な字で商品名を入れていました。自動のこぎりは父の仕事で、当初は慣れないせいか自分の手指を二度ほど切ってしまいました。従業員は5人強くらいで、うち一人は在宅のハンセン病患者もいました。特に違った扱いはしなかったとの記憶です。これが私がハンセン病への差別と偏見を持たない人間になった理由だと思っています。

休みの日には子どもたちが、ガソリン（ペンキ用・ジュース箱用）、シンナー（ニス用・パン箱用）を溶かしては塗っていました。

しかし、夏の暑い日には締め切られた室内と同様であり、弟の三好は肝臓を悪くしたようです。当時松川にあったジュース会社（ポン・ジュース）への売掛代金の回収は幼い兄弟の役目でした。従業員は、午前10時と3時にお茶の時間、12時が昼食で、そのお茶くみは私たち子どもの仕事でし

た。従業員の中には三線の師範の資格のある者（湧川）もおり、その人たちは戦後の文化であったカンカラ三線を弾いていました。父は三線についてはこうした従業員に師事していました。

私自身は、木箱屋旅行で沖縄本島中部の中城城跡に行ったことが強く印象に残っています。

ところで、箱屋の経営は楽ではなく、給与を支払ってから従業員（主に、実姉の夫城間井起）の妻トミに借金をすることも間々あったようです。父は経営合理化のため、自動くぎ打ち機を本土まで行って購入してきましたが、その間、母親は大変心細かったようでした。おかげで、私は3回企画した離島旅行は全部中止しました。復帰後、時代は木箱からプラスティックの材料に変化し具志堅木箱の未来は明るいものではなかったようです。

後年、具志堅木箱が倒産して後、私が留年した時に、送金をお願いすると、母や兄弟たちが、送金後お金がなく水を飲んでひもじさに耐えて母と一緒に寝ていたそうです。まさに貧乏そのものでした。

具志堅木工所（具志堅木箱）を閉めてから、両親は子どもたちの援助や母の内職などで細々と生活を送っていたようです。

その後、姉洋子が離婚して沖縄本島中部の宜野湾市（普天間基地のあるところ）から実家のある那覇に帰り、工場と自宅を改装し、両親の老後に備えました。

4　具志堅の歴史、「居留民」

具志堅家の先祖は明治13年頃、廃藩置県の30年以上前に首里城の門番をしていたと父から聞いています。先祖は武術が出来るので、よく挑戦を受けていたそうです。泊で薩摩の3人から挑戦を受けた時に片手で一人の頭をつかみ上げたところ、頭蓋骨が割れて死んでしまいました。それで、大宜見村塩屋の宮城島に行き、そこで塩焚きをしていました。戦後その先祖の遺骨を見たところ、厨子ガメに入らないほど足の骨が長かったといいます（ちなみに、アルゼンチンで亡くなった興昌も塩屋の厨子ガメに入れられましたが、やはり足が長かったようです）。その後、2、3代後に兄弟3人のうち二男が大宜見村塩屋に住み、長男興光と三男で東村有銘に移りました。三男は有銘に住み、長男は大湿帯（おおしったい）を開墾しました。そこで、興昌が生まれました。そして、興昌は大湿帯の新崎家から嫁をもらい、久志村有津（あっつ）に移りました。大湿帯の具志堅は興光の長男興昌です。次男興吉は有津に、三男興次は京都に行きました。廃藩置県後山原に入った旧士族たちは「居留民（きょりゅうみん）」と呼ばれ、住む場所も劣悪なところを従来の農民たちから指定されたようです。これもあってか、鉄砲水により私の祖母は産褥熱で死にました。

幼い頃から戦後にかけての父興一は旧久志村天仁屋（てにや）にあった尋常小学校に3年生まで通い、その後は底仁屋に学校が移ったのでそこに通いました。そこで、小学6年生まで通ったそうです。高等科は東村有銘にあった高等小学校に約半年通いました。

高等科をやめてから、薪を山から切り出してヤンバル船に積んでいました。薪を売った代金は共同売店の購買代金に充てられましたが、足りなかったようです。当時は同居家族が12人くらいでした。興一（興孝）は興次と反りが合わず、興一は16歳で家を出たそうです。

昭和13年頃、興雄は南洋のポナペ島に働きに行きました。最後はテニアン島にいたそうです。戦後、興雄は名古屋に引き揚げ、そこから沖縄に帰りました。そして、有津に戻り生活しました。那覇に来たのはそれから後のことです。

昭和47年頃、両親は名古屋から沖縄に帰り、しばらくして那覇市楚辺の軍作業員テント小屋で生活し、昭和49年9月に那覇市真和志三原に移住し、当初は大工の棟梁、後に具志堅木工所を設立し、昭和47年頃まで営業をしていました。住居は当初父が木造家屋を建設し（地主は安慶田（あげだ））、そこで、木工所を経営しました。昭和37年鉄筋コンクリートの工場兼住宅を造りました。母は父が具志堅木工所をちゃんと経営しないので、自らが無限責任社員になったそうです。この母の姿は男女同権の実質的な意味を私に教えてくれました。

その後、母の勧めもあって父が「かりゆし大学」を卒業しました。

「沖縄県かりゆし長寿大学校」が平成3年12月19日に出した卒業記念（第1期）によると、校長は尚弘子で、父は83人の受講生で19番目の番号で卒業しています。この大学には母が受講を勧めたとのことで学歴のなかった父はさぞかし嬉しかったと思います。

姉弟がまだ小さい頃から、父はラジオ体操を始め、鉄筋コンクリートの工場兼住宅が出来てからは屋上にトランペットスピーカーを設置し、近所の子どもたちを集めて一緒にラジオ体操をしていました。

長女洋子は、松川小学校に通っている時に「朝の童謡」で2回賞を受け、朝礼の時に全校生徒（約3000人）に紹介されました。父は、歌や踊りが好きで、沖縄の民謡「登口説」の衣装を着けてよく踊ったそうです。そのせいか、姉弟も歌が好きで、高校で合唱クラブの部長を務めた人もいました。また、父親は、親せき・いとこ会（那覇の沖にある干潮時に出てくるサンゴ礁のチービシの旅行会など）や隣組の面倒見もよく多くの人に慕われていました。

もっとも、父は子育てに熱心なあまり行き過ぎた行動が多く、気に入らないと子どもの荷物を道路に放り投げたり、包丁などで自らの体幹部を刺す動作をするなどかなりきつい言動があり子どもたちからは敬遠されていたようです。

5　両親の死

父は平成30年1月15日に入院先で転倒し脳内出血で、母は同年3月10日に自宅で後を追うように永眠しました。介護は、洋子とその家族、進・その妻綾子とその子どもたちがそれこそ全身全霊をかけて行いました。

両親の80歳のお祝いの時私は「人間木の股から生まれてきたのではない。子どもは親を選べないが人から生まれてきたのだ。今日はその親の長寿のお祝いだ。素直に楽しもう」と言いました。当時、父は姓を本土風に変えた私を許せず、一族には紹介もしませんでした。そういう私の行動に、母は私のことを雑草のようにたくましいと言ってくれました。母の言ってくれたことを素直に喜び、これからの生きる糧にしたいと思っている昨今です。

お墓は、霊園である那覇市識名（しきな）の具志堅家の墓地にあります。

このお墓は、二男清志の若くして亡くなった妻多美子が入っているお墓の隣で、母が旧士族嫌いで具志堅一族のお墓ではなく、興一と清子の墓に入りたいと願って子どもたちが建てたものです。お墓は新しい首里城のような沖縄形式の墓で、亀甲墓、インドネシア風の屋根が三角屋根のものではありません。新しい形式のお墓です。

※「板井優弁護士の古希を祝う会」（２０１８年10月14日、ＫＫＲホテル熊本）の記念誌に掲載された「ヤナワラバー弁護士奮闘記２」を一部、加筆・修正したものです。

関連書籍

板井優さんの逝去を報じた新聞記事

2020年2月13日付の熊本日日新聞

「千人の一歩」へ　貫いた正義

評伝　板井 優さん

弁護士が人権問題にかかわるのは本来の使命だが、板井優さんの原点は弁護士になる以前の沖縄時代にさかのぼる。

米軍統治下の那覇市生まれ。中学1年の時、同学年の国場秀夫君が青信号の横断歩道を渡っていて、米軍のトラックにひき殺された。だが米兵は軍事法廷で無罪となる。いわゆる「国場君事件」。その理不尽さを目の当たりにし、進路志望を自動車整備士から弁護士へと切り換えた。

熊本との縁は、国費留学生として熊本大に進学してからだ。熊大生協闘争の集会で、後に妻となる医学部生板井八重子さんと出会う。一人娘だったこともあり、本名の具志堅を板井に改姓した。

持ち前の正義感に火がついたのは水俣病事件。未曽有の公害事件を引き起こしながら、国や県は過ちを認めていなかった。そこで、原因企業チッソにとどまらず、国と県をも被告とする水俣病第3次訴訟を提起。正面から行政責任を問いながら、被害者救済を組み立てるという手法を持ち込んだ。

川辺川ダムから農業用水を引く利水計画の是非を問うた川辺川利水訴訟では、弁護団長として辣腕を振るった。

計画に「同意した」とされる4000人に上る全ての農家を原告・弁護士らが一人一人訪ね歩き、同意書の真偽を確認した。すると、亡くなっているはずの人が署名していたり、行政が砂消しゴムで修正したりした事例が相次ぎ発覚。地道で根気のいる調査で事業への同意取得の違法性を明らかにし、2003年に福岡高裁で逆転勝訴し、確定。ダム計画自体を追い詰めていく。

対象農家を訪ね歩き、同意署名取得時の状況などを丹念に聞き取る板井優さん（右）＝2001年7月、多良木町

ハンセン病国賠訴訟やトンネルじん肺根絶訴訟、原爆症の認定訴訟でも常にその中心に板井さんの姿があった。その生き方を振り返ることで、熊本が人権にかかわる数々の不幸な事件の舞台となった地であるとともに、被害者と市民が国家のあるべき姿を問い続けた土地であることに気づかされる。

酒席での口癖は「一人の千歩より千人の一歩」だった。ここ2年は闘病のため酒を断っていた。天国で解禁することだろう。　（山口和也）

原告と連帯 国を動かす

弁護士 板井 優（いたい まさる）さん　2月11日死去 70歳

「逆転勝訴の記事、頼むよ」。福岡高裁の法廷へ向かう廊下で、板井さんは上機嫌だった。2003年5月、川辺川利水訴訟控訴審判決の30分ほど前。百戦錬磨の弁護団長は、裁判が劣勢だと鬼の形相になる。あの笑みは「勝算十分」。判決はその通りだった。

ただ、弁護団の主張は大半退けられた。農業用水の水源となる川辺川ダムの是非には触れず、対象農家から強引に集めた同意（書き換えなど）の違法性も否定。逆転勝訴をもたらしたのは、土地改良法に定める農家の同意率（3分の2以上）を満たしていない—の一点に尽きた。

この「一点」を突破させたのは、一審が積み残した約2千人に上る農家の意向調査だ。高裁が与えた時間は半年。「われわれの本気が試されている。勝つために全てやる」。板井さんは強い口調で、仲間を鼓舞した。判決は原告の思いに応えるように、国の上告を阻む数字のみを「事実」として示した。

「判決とは、必ずしも証拠を積み重ねて導かれる結論ではない」が持論。だから、国の過ちや不手際を追及するだけでは足りない。原告の怒りや悲しみ、願いが連なり、法廷の内外で大きなうねりへと変わってこそ、司法を動かせると信じた。

水俣病やハンセン病、トンネルじん肺、原爆症など人権救済を目指した数々の訴訟でも、その姿勢は一貫していた。「裁判に勝つだけが、弁護士の務めではない」と語り、司法判断をてこに被害者救済の仕組みを国に迫り、実現させた。

利水訴訟の勝訴後、県にダムによらない利水協議を求めた。球磨川の漁業権の収用手続きもストップ。議論の場では、ダムなき地域の未来を熱弁した。県の幹部や収用委員が立場を超え、心を重ねていくのが分かった。板井さんという強く、大きな「竜巻」が世論をもうねらせ、ダム計画は止まったのだ。

熊本地裁で国のありようを問うとき、法廷や門前で、いつも「みんなで頑張ろう」と叫び続けた。原告の人たちは、それぞれの思いを胸に耳を澄ませていた。あの背筋が伸びるような感覚を、私は忘れられずにいる。（田口貴一朗）

ダム反対住民団体の学習会で基調報告する板井優さん
＝2018年1月、人吉市（小山真史）

2020年2月28日付の熊本日日新聞

2020年2月16日付の朝日新聞

行動と発想の弁護士逝く

水俣病・川辺川訴訟率いた板井優さん

水俣病、川辺川ダム計画、ハンセン病――。国の政策がもたらした人権・社会問題の現場には、いつもこの弁護士がいた。板井優さん（享年70）＝熊本市。馬力と行動力、事実に裏打ちされた発想力で、数々の訴訟を引っ張った。「遺産を引き継ぐ」。通夜・葬儀が営まれた12、13日、ゆかりの人々は静かに誓った。

1949年、那覇市に生まれた。日本の主権回復後も米軍統治が続いた沖縄で、米兵による事件・事故が正当に裁かれない状況を目の当たりにする。本土復帰運動がうねりをみせた時代に多感な時を過ごし、後に弁護士として理不尽に立ち向かう原点になった。留学生として熊本大法文学部に進んだ。

水俣病研究と患者救済に尽くした原田正純医師の足跡をたどるシンポジウムで、コーディネーターを務めた板井優さん＝2013年6月11日、水俣市牧ノ内

弁護士登録した79年、県が水俣病と認定しない人々が起こした第2次訴訟（1973～85年）の一審判決が出る。患者数を絞り込む認定制度のあり方が否定されたが、行政の対応は変わらなかった。水俣病訴訟弁護団事務局長として、症状がありながら救われない被害者の補償をめざす第3次訴訟（1980～95年）を進めた。

「弁護士として超一流。へたな理屈でなく、事実を丹念に積み上げて裁判所を説得する技術があった」。弁護団の仲間だった元参院議員の松野信夫さん(68)は振り返る。

水俣病の発生と被害の拡大をめぐる国と県の責任を初めて問うた3次訴訟で、板井さんと松野さんは関係法令を手分けして責任の立証に臨んだ。「弁護団会議で罵倒されることもあった。それぐらい熱心。権力に対する怒りを人の何倍も持っていた」。酌み交わし、しばしば「俺は太く、短く生きるんだ」と聞かされたという。「そりゃないでしょう、と言ってたんですが……」

事実積み上げ裁判所動かした

不知火海沿岸地域での検診活動を通じて行政の認定基準に収まらない水俣病像を示し、3次訴訟を支えたのが「水俣病訴訟支援・公害をなくする県民会議医師団」。団長の藤野糺さん(77)は「羅針盤でした。訴訟の進む道を示す灯台でもあり、バイタリティーがあった」。訴訟が長期化する中、政府や県、チッソ、支援団体の動向を把握してかじ取りしていたという。

原告らでつくる被害者団体の事務局長、中山裕二さん(66)も「全体をふかんし、大方針を打ち出せる人だった」と語る。原告側が求めた、行政に代わり司法が患者を認定する「司法救済システム」の構想は、板井さんの発案という。和解協議が焦点になった控訴審。福岡高裁の一室で、裁判官と相対で話し込む板井さんを見ている。「裁判官の信頼を得ていたのは間違いない」

川辺川ダム計画の是非が争われた川辺川利水訴訟では、事業に異議を唱えた農家側の弁護団長として2003年、福岡高裁で逆転勝訴。事業休止につながった。一審敗訴からの逆転の原動力になったのが、関係農家約4千人への意向調査。例のない試みを指揮した。弁護団の一員として人吉・球磨地域へバスで通った寺内大介さん(53)は「普通の弁護士が思いつかないことを実行する人。あらゆる方法を使って裁判所を動かした」。

水俣病は3次訴訟を経て、2回の政治解決策で多くの被害者の存在が明らかになったが、なお取り残された人々の訴えが続く。国賠訴訟弁護団長の園田昭人さん(65)は話した。「板井先生なくして水俣病訴訟の今はない。ちみつな思索と解決に向けた大胆な構想力を、教えとしたい」

（田中久稔）

板井優氏 死去

弁護士 川辺川利水訴訟

熊本県の川辺川で計画されたダムの利水を巡る訴訟で弁護団長を務め、逆転勝訴に導いた弁護士の板井優（いたい・まさる）氏が11日午前0時12分、腎不全のため熊本市の病院で死去した。70歳。那覇市出身。自宅は熊本市東区。通夜は12日午後7時から、葬儀・告別式は13日午後7時から、いずれも熊本市中央区本荘6の2の23、合掌殿島田斎場で。喪主は妻八重子（やえこ）さん。

1979年弁護士登録。川辺川ダムを水源とする農林水産省の土地改良事業の是非を争った川辺川利水訴訟で2003年、農家側の訴えを退けた一審判決を覆す逆転勝訴判決を勝ち取った。ダム計画は08年に熊本県知事が「白紙撤回」を表明、事業は休止している。

熊本地裁が1987年に国や熊本県の行政責任を初めて認めた水俣病第3次訴訟では弁護団事務局長を務め、ハンセン病国賠訴訟など多くの集団訴訟に携わったほか、「原発なくそう！九州玄海・川内訴訟弁護団」の共同代表も務めた。

水俣病被害に寄り添い闘う

板井弁護士と共に歩みを進めてきた人々の間には惜しむ声が広がった。

「水俣病被害者の会」の中山裕二事務局長(66)は「一番いい仕事は一番厳しいところにある、とよく話していた。被害者に寄り添い、原告が団結する大きな力になった。なくてはならない人だった」と悼んだ。

約50年間にわたる「戦友」の馬奈木昭雄弁護士(77)＝福岡県久留米市＝は、川辺川利水訴訟の一審敗訴時に「必ず高裁で逆転する」と原告に懸命に語り掛けていた姿が目に焼き付いているという。「今はただ、言葉もない。被害者がいる限り、闘いは決してやめないよと伝えたい」と語った。

（村田直隆、御厨尚陽）

2020年2月12日付の西日本新聞朝刊16版

おわりに

板井　俊介

本書にご寄稿いただいた多くの先生方に対し、この場を借りて心より御礼申し上げます。

板井優弁護士は、高等裁判所もない熊本を拠点にして、多くの信頼する仲間と強い連帯を作り上げ、我が国の社会構造を揺るがす水俣病訴訟、川辺川利水訴訟で勝訴するのみならず、ハンセン病訴訟でも水俣病訴訟の経験を活かした活動に徹し、原爆症訴訟では内部被曝問題を真正面から取り上げて、文字通り、運動で押し込む闘いに邁進しました。とりわけ川辺川利水訴訟は、誤解を恐れずに言えば、健康被害や結婚・就職差別のような、いわば一般国民にも分かりやすい「被害」のない事件であったにもかかわらず、国土交通省とゼネコン、これと結託した御用学者の牙城を切り崩しました。これは我が国の歴史上のみならず、世界的に見ても、およそ成し遂げ得ない成果であったと思います。板井優弁護士が作り上げた水俣病、川辺川などの闘いは、まさに「市民が最終的に勝つ」という経験を積み重ねる闘いであったと思っています。

板井優弁護士のように、草の根から民主主義を追求し、住民こそが主人公であることを真正面から体現する活動に邁進することが、私たちの社会にとって極めて重要なものであることに確信を持ちたいと思います。そして、50年、あるいは100年先を見通して行動すると同時に、若い世代の後継者とともに、住民こそが主人公の社会を作ることに今後とも尽力する決意です。

あとがき

寺内　大介

多くの人をたたかいの渦に巻き込み続けた板井優弁護士が享年70歳で亡くなってから2年近くになります。「たたかい」という言葉が最も似合う弁護士でした。

板井優弁護士の思い出をたどることは、自らの来し方行く末を問い直す作業でもありました。解決には程遠い水俣病、よみがえる川辺川ダムなど、板井優弁護士が私たちに遺した課題は、山積しています。これらは、とりもなおさず、板井優弁護士が多くの弁護士や市民、研究者を巻き込みながらたたかうことを通じて、地域と国の課題を浮き彫りにした成果とも言えます。

今回の追悼集は、弁護士だけで編んでいます。天国からの督促を受け、スピーディーに原稿をお寄せいただいた弁護士の皆さま、貴重な写真をご提供いただいたご遺族の皆さま、本書を手に取ってくださった皆さまに感謝いたします。板井優弁護士とともにたたかった市民や研究者による追悼集も準備されています。現世を去っても、多くの人々をたたかいの渦に巻き込む弁護士板井優の本領発揮といったところでしょうか。「弁護士板井優が遺したものはこんなもんじゃない」という思いも残りますが、あとは遺された者たちの実践で明らかにされていくことでしょう。

板井優弁護士と苦楽をともにした一人一人が、託されたバトンの意味と重みを確かめながら、たたかい続ける宣言書の筆を置き、各自たたかいの現場に戻ります。

板井優追悼集編集委員会
事務局　熊本中央法律事務所
〒860-0078　熊本市中央区京町2丁目12-43
電話096-322-2515

弁護士 板井優が遺したもの

2021年12月10日 第1刷発行

発　　行　板井優追悼集編集委員会
制作・発売　熊日出版（熊日サービス開発株式会社　出版部）
〒860-0827　熊本市中央区世安1丁目5-1
電話096-361-3274
印　　刷　株式会社城野印刷所

定価はカバーに表記してあります。